고령에서
살아보기

고령에서
살아보기

패스파인더 지음

퍼블터

<고령에서 살아보기> 주요 방문지역

자연·문화공간

기관·단체

성주군

다산면

카페 H.테이블

차남마을

좌학리
은행나무숲

낙동강

예마을

운수면

덕곡면

달성군

에 안기다

우륵박물관
(우륵국악기연구원)

고령군신활력플러스추진단

풍경미가

미숭산자연휴양림

고령군청

팜스빌드

성산면

지산동고분군

고령전통시장
(전홍태커피)

대가야박물관
(대가야왕릉전시관)

고령문화원
(대가야문화누리)

대가야수목원

대가야시네마

개진면

개경포나루

대가야생활촌

반룡사

대가야읍

개실마을
(랑스튜디오)

쌍림면

우곡면

합천군

황강

창녕군

‖ 차례 ‖

젊음도 나이듦도 빛나는 고령, 고령에서 살아보기

김만희
패스파인더 대표

고령을 아시나요?

처음 고령을 만난 곳은 2022년 10월 경북도청에서였다. 경북도청 인구부서에서 중장년 생활인구의 가능성에 관심을 두고 경북 내 지자체를 소개해 준 자리였는데 고령군 관계자들도 함께 했다. 그 후 고령 인구 담당 부서와 몇 차례 소통하고 담당 공무원의 열정을 느끼면서, 2023년 1월 고령을 처음 찾게 되었다. 부끄럽지만 처음 찾은 고령.

오십 후반이 되어서야 처음 방문한 고령에 대해서 솔직히 떠오르는 것이 많지 않았다. 언젠가 마트에서 보았던 고령 딸기 정도? 어디선가 들었던 '고령토'도 있었지만, 그 '고령'은 점토 광물의 한 유형이었다. 고령에 내려가기 전 네이버와 유튜브를 통해 처음 보게 된 것은 대가야와 지산동고분군이었다.

고령군청에서 인구정책과 관계자들과 만나 회의를 마치고 숙소에 가기 전, 올 때부터 별러왔던 지산동고분군에 올랐다. 겨울 해 질 녘 고분군은 영상에서 보던 푸르름 대신 황금빛으로 나를 맞았고 바람은 차가웠지만, '이 지산동고분군 때문에라도 자주 고령을 찾겠구나!' 하는 생각이 들었다. 이렇게 시작된 고령과의 인연과 만남은 그 이후 여러 차례 이어져 본격적인 여름인 7월 드디어 고령 살아보기를 시작하게 되었다.

왜 살아보기인가?

고령살이에 관해 얘기하기 전에 지역 살아보기에 대해 먼저 생각해 보자. ○○에서 살아보기, ○○에서 한 달 살기, 두 지역 살아보기 등 여러 이름으로 불리지만, 낯선 지역에서 살아보고자 하는 흐름이 뜨겁다.

개인적으로 지역살이를 진지하게 생각하게 된 계기 중 하나는, 10년 전쯤 마이케 빈네무트의 『나는 떠났다. 그리고 자유를 배웠다』란 책을 읽으면서였다. 이 책은 저자가 퀴즈쇼에 참여해 받은 상금으로 한 달에 한 지역씩 1년간 옮겨 다니며 '지역살이'를 한 기록이다. 매달 바뀌는 서로 다른 도시의 이야기도 흥미로웠지만, 1년간의 여행을 마친 그녀의 깨달음은 내게도 번쩍 다가왔다. "지나서 생각해 보니 굳이 퀴즈쇼에 우승하지 않았어도 지난 1년간의 여행이 가능했었군요!". 그렇다! 무언가 되면 떠나겠다고 생각하기 쉽지만, 마음만 먹는다면 우린 지금도 떠날 수 있는 것이다.

이 책을 읽고 몇 년이 지나 패스파인더 사업을 시작했다. 창업 후 1년도 안 되어 코로나를 만났지만, 그 후 계속해서 지금까지 지역살이에 대한 사회적 욕구는 식지 않고, 더욱더 뜨거워지는 것 같다. 왜 많은 이들이 살아보기를 갈망할까? 모순처럼 보이지만 '소속감을 원하면서도 동시에 자유를 추구하는' 우리의 본능과도 관련된 것이리라. 안정되고 익숙한 삶을 원하지만, 동시에 낯설고 새로운 자극을 원하는 것은 아닐까. 이러한 본성을 충족시키는 것 중 하나로 많은 사람이 좋아하며 버킷리스트마다 빠지지 않는 것이 여행이다. 그런데 이 여행의 모습이 점점 더 진화를 거듭하고 있다. 국내의 다양한 자원이 개발되고 결합하면서 지역만의 독특한 매력이 늘어가고 있어서일 것이다.

지역에는 가슴 설레는 자연과 문화가 있다. 좀 더 들여다보면 미처 생각지 못했던 다양한 일과 활동이 있고 그 뒤에는 멋진 사람이 있다. 도시는 넘쳐나는 사람, 치열한 경쟁, 비싼 비용으로 인해 내가 정작 할 수 있는 일이 별로 없을 수 있다. 그러나 지역의 경우 유휴 자원은 많지만, 적절한 사람을 찾기 쉽지 않아 더 많은 기회와 활동의 무대가 존재할 수도 있는 것이다.

기존에 우리가 지역을 경험할 수 있는 방식은 여행 아니면 귀농·귀촌이었다. 하지만 대다수의 여행은 일회성이고 명소 중심으로 진행되

고령 첫 방문에서 만난 고령군청, 대가야박물관 그리고 지산동고분군

어 지역의 진수를 느끼기 쉽지 않고, 귀농·귀촌은 실행하기에는 준비할 것이 많은 부담스러운 주제여서 소수만이 실행으로까지 이어간다. 하지만 이제 '살아보기'라는 제3의 대안이 있어, 조금만 시간을 내고 용기를 내면 더 많은 사람이 지역의 매력을 맛볼 수 있게 된 것이다.

목적에 따른 살아보기 유형

같은 '살아보기'라고 해도, 참여자의 목적에 따라 그 모습은 각양각색이다. 좀 더 색다른 여행을 원하는 경우도 있고, 배움과 회복을 위한, 아니면 지역에서의 일과 활동이나 귀농·귀촌 등 이주를 준비하기 위한 살아보기일 수도 있다.

가장 많은 이들이 생각하는 것은 아무래도 좀 더 깊고 풍성한 여행으로서 살아보기이다. '여행은 살아보는 거야!'란 말도 있지 않은가. 기존 여행, 특히 패키지여행으로 채워지기 힘든 자신만의 프리미엄 체험을 하고 싶은 이에게 살아보기는 매력적이다. '사는 것living'과 '여행travel'의 경계가 모호해지면서, 깊은 여행으로서 살아보기 흐름은 앞으로도 상당 기간 지속될 것으로 보인다.

배움과 교육 역시 살아보기의 주요한 유형이다. 농산촌 유학 등 자녀의 교육 목적뿐 아니라, 성인들이 자기 학습을 위한 살아보기에 참여하는 경우도 늘고 있다. 나 역시 지역살이를 하면서 드론을 배운 적이 있다. 도심에서는 채워질 수 없는 체험 위주 교육이거나 특정 지역에서만 가능한 배움일 경우가 그런 예이다.

또 다른 목적은 '쉼과 회복'을 위한 것이다. 청정 자연환경 속에서 지친 몸과 마음을 추스르고 요양이 필요한 경우이다. 특히나 전직, 퇴직 등 삶의 중요한 순간에 자신을 되돌아보고 전환을 준비하고 실행하기 위한 살아보기가 늘어가고 있다. 요즘 많이 얘기되는 갭이어gap year 기간 활동의 하나로 살아보기도 유망할 것이다.

다음으로는 코로나 때 비대면의 흐름과 함께 주목받던 워케이션 worcation이다. 코로나 이후 재택근무에 대한 흐름은 조금 주춤해졌지만, 일work과 휴가vacation가 결합한 형태로 '디지털 노마드'와 '워라

벨'의 흐름은 지속되고 있다. 기존의 업무를 지역에 가져가는 것뿐 아니라 지역에서 새로운 과제를 만들 수도 있는데, 점차 다양한 사례들이 만들어질 것이다.

마지막으로 귀농·귀촌 등 이주 준비를 위한 살아보기다. 이주 희망 지역에서 농사를 지어보거나, 자녀 교육 또는 사업 환경을 알아보며, 얼마나 잘 적응할 수 있을지를 탐색해 보는 것이다. 인구감소로 소멸까지 언급되는 지방 도시와 농산어촌 입장에서 가장 환영할 만한 유형이다. 새 직장과 업무에 적응하는 인턴십이 필요한 것처럼, 이주를 희망하는 사람에게도 살아보기는 꼭 거쳐야 할 단계이다.

패스파인더 사업을 시작하면서 시도했던 나의 지역살이는 대부분 워케이션이었다. 처음 시도했던 남원 살아보기부터 최근의 고령 살아보기까지 대부분 지역의 자원을 조사하고 관계인구 프로그램을 기획한다는 목적에 그 지역을 즐기는 여행이 결합한 형태였다. 지역살이를 하면서 자녀 교육, 건강 회복, 이주를 위한 준비 등 다양한 살아보기를 하는 분을 심심찮게 만날 수 있었다. 이런 각양각색의 살아보기는 여러 목적이 결합하기도 하며, 시간에 따라 바뀔 수도 있다. 여행으로 시작했지만, 그 지역이 너무 좋아져 이주를 준비할 수도 있고, 학습과 체험을 위한 살아보기가 일을 위한 워케이션으로 전환될 수도 있다. 되돌아보면 나의 강릉, 남원, 인제, 고령에서의 살아보기 역시 지역에서의 일을 위한 것이지만, 장기적으로는 배움과 회복 그리고 이주를 위한 준비이기도 하다.

살아보기, 어디서 어떻게 시작할까?

살아보기를 원한다면 가장 먼저 할 일은 목적과 지역을 선정하는 것이다. 지역을 정했다면 다음으로 할 일은 베이스캠프가 될 숙소를 구하는 일이다. 살아보기를 하고자 할 때 많은 이들이 어려움을 겪는 부분이다. 살아보기의 목적에 따라 숙소를 구하는 방식도 다를 수 있지만, 가장 효과적이고 믿을 만한 경로는 지인의 도움을 받는 것이다. 시간과 비용을 줄일 수 있고, 어느 정도 검증된 숙소를 구할 수 있기 때문이다. 하지만 원하는 지역에 지인이 있더라도 나에게 맞는 숙소를 어디서 찾을지 모르기가 십상이다.

다음으로 생각할 수 있는 선택지는 온라인 플랫폼이다. 수수료가 들긴 하지만 여행으로서 살아보기를 할 때 가장 많이 활용하는 방식이다. 기존 여행 숙소 플랫폼으로 시작 살아보기 숙소로 확장해 온 에어비앤비 같은 곳과 장기 숙소 전문 플랫폼으로 출발한 리브애니웨어, 미스터멘션 등으로 나눠진다.

기존 여행사인 마이리얼트립도 장기체류 프로그램을 소개하고 있다. 한달살이 숙소의 경우 많게는 50% 이상 할인을 제공하며 플랫폼 수수료는 대부분 지불하는 요금 안에 포함된다. 아직도 다양한 형태의 살아보기 숙소를 찾기가 쉽지 않지만, 최근 관광이 아닌 주택 시장에서 출발해 단기 임대 숙소를 소개하는 삼삼엠투 같은 새로운 플랫폼이 등장하는 것은 의미하는 바가 크다.

관광을 위한 숙소는 선택지도 좁고 비용도 비싸지만, 기존 실거주 주택은 그에 비해 선택의 폭이 넓고 가격도 상대적으로 저렴하다. 예를 들어 펜션 방을 한 달 빌리는 것은 장기 예약 할인을 받더라도 월세방을 1개월 임대하는 것보다 보통 비싸다. 다만 2년 단위로 임대하던 주택 시장에서 1주, 1달 단위의 단기 임대 숙소를 찾기 어려웠던 것인데, 삼삼엔투 같은 기업의 등장으로 더 쉽게 단기 임대를 할 수 있게 된 것이다.

살아보기의 목적도 앞서 살펴봤듯이 관광만은 아니지 않은가. 공급 숙소도 더 많고 비용도 상대적으로 저렴한 생활 주택의 중계 플랫폼 등장은 살아보기 숙소 시장에서도 큰 의미가 있을 것이다.

제주나 강원도 등 많은 이들이 선호하는 지역의 경우 온라인 플랫폼뿐 아니라 해당 지역 '살아보기 커뮤니티'를 이용하는 것도 한 방법이다. 예를 들면 네이버 카페 '일 년에 한 도시 한 달 살기'에서는 숙소 등 살아보기 관련 정보를 구할 수 있다. 다만 지역이 한정적이고, 직접 연락해서 계약을 해야 하는 번거로움과 개인 간 거래에 따른 위험이 따를 수 있다.

또 다른 방법으로는 살아보기 희망 지역 온라인 생활 정보 사이트나 오프라인 부동산을 활용하는 것이다. 온라인 플랫폼 업체에서는 구할 수 없는 더욱 저렴하고 다양한 옵션의 숙소 정보를 얻을 수도 있다. 장기적으로는 주택 시장의 단기 임대 플랫폼이 확대되어야 한다고 본다.

살아보기 숙소 정보를 제공하는 플랫폼 업체

장기 숙소 플랫폼 업체와 주소		특징
airbnb	에어비앤비 www.airbnb.com	• 글로벌 업체로 가장 많은 장단기 숙소 정보 보유
myrealtrip	마이리얼트립 www.myrealtrip.com	• 항공권, 패키지, 여행 숙소를 제공하는 여행사. 최근 제주, 강원 및 해외 주요 도시를 대상으로 일주일부터 한 달까지의 장기 체류 서비스인 '롱스테이' 제공
리브애니웨어	리브애니웨어 www.liveanywhere.me	• 한 달, 보름, 일주일 등 살아보기 숙소 위주의 정보 제공. 유튜브 채널을 통한 숙소의 영상 정보도 제공. 앱 사용을 추천
MR.MENTION	미스터멘션 www.mrmention.co.kr	• 리브애니웨어와 비슷하게 한 달, 보름, 일주일 등 살아보기 숙소 정보 제공
33m²	삼삼엠투 33m2.co.kr	• 국내 기업으로 주택 단기(1주~12주) 임대 부동산 플랫폼 • 관광, 여행 목적보다는, 실제 주거 목적의 대도시 일반 주택 중계에 주력

정부 정책으로서 살아보기

연장된 여행으로서 개인이나 가족 단위 살아보기도 좋지만, 지역을 좀 더 깊게 느끼고 이해하고자 하는 이에게는 또 다른 선택지가 있다. 그것은 지역 살아보기 프로그램에 참여하는 것이다. 본인이 원하는 지역과 시기가 맞지 않을 수는 있지만, 대부분 프로그램이 숙소와 활동 거리를 소개해 주며 그에 따른 비용 일부를 지원하기도 한다.

2019년 광역지자체 중에서 가장 먼저 살아보기를 시작한 곳은 전

전국 및 광역 지자체 단위 살아보기 사업 사례

지역, 사업명, 사이트	사업 설명
전라남도 전남에서 살아보기 	▪ 2019년 귀농·귀촌 지원 목적으로 시작 ▪ 대상은 전남 혹은 타지역 18세 이상~55세 미만 ▪ 참가 기간은 20~90일 ▪ 세부 내용은 관련 사이트 참조 (live.jeonnam.go.kr)
전라남도 남도에서 한 달 여행하기 	▪ 귀농·귀촌 보다는 지역 관광 홍보 목적 ▪ 대상은 광주, 전남 외 거주 18세 이상 (여행작가, 유튜버, 파워블로거 우선) ▪ 일주일부터 한 달 살기까지 시군별로 상이 ▪ 최대 일 15만 원 지원(숙박, 교통, 식비, 활동비 포함), 개인 SNS에 후기와 사진 등 게재 ▪ 세부 내용은 관련 사이트 참조 및 시군별 문의 (www.namdokorea.com)
경상남도 경남에서 한 달 여행하기 	▪ 2020년 체류형 여행 지원 프로젝트로 시작 ▪ 대상은 경남 외에 거주 19세 이상 ▪ 시군별로 20개 팀을 연간 2~3차례 모집 ▪ 최소 6일(5박)에서 최대 30일(29박) ▪ 숙박비(팀당 일 5만 원)와 체험비 (인당 7~10만 원) 1회 지원, 여행 후기 인당 1일 2건 이상 ▪ 세부 내용은 관련 사이트 참조 및 시군별 문의 (tour.gyeongnam.go.kr)
지자체별 농촌에서 살아보기 	▪ 2021년 귀농·귀촌 지원 목적으로 시작 ▪ '24년부터 지자체별 자체 예산사업으로 추진됨 ▪ 대상은 18세 이상 (최초 참가자 우선, 단, 프로젝트 참여형은 40세 미만 참여) ▪ 최소 1개월~ 최장 6개월 ▪ 세부 내용은 관련 사이트 내 시군별 문의 (www.greendaero.go.kr)

지역, 사업명, 사이트	사업 설명
행정안전부 고향올래 사업 지역경제 활력 높이는 고향올래 (GO鄕 ALL來)	**고향올래 사업 유형** • 두 지역 살아보기 • 로컬유학 생활 인프라 조성 • 은퇴자 공동체 마을 조성 • 청년 복합공간 조성 • 워케이션 • 지역별 자율사업
행정안전부 재도전 프로젝트 재도전프로젝트 다시활짝	**재도전 프로젝트 사업 유형** • 지역에서 제2의 인생을 준비하는 중장년층과 청년의 재도전을 지원하는 사업 • 청년 마을 연계 중장년층 지역살이 지원 • 청년, 은퇴 중장년 등 생애주기 재도전 지원 • 지자체 연계 지역살이 및 생애주기 맞춤형 사업

남의 〈전남에서 살아보기〉이다. 경남은 귀농·귀촌 목적보다는 관광 홍보를 위한 살아보기를 2020년부터 시작했는데 현재도 〈경남에서 한 달 여행하기〉라는 이름으로 진행하고 있다. 농식품부에선 귀농·귀촌 지원 목적으로 2021년부터 〈농촌에서 살아보기〉를 전국적으로 시행해왔으나, 2024년부터는 지자체별로 운영하는 것으로 변경되었다.

관광객과 귀농·귀촌의 중간 어디쯤

정부와 지자체의 살아보기도 2023년을 계기로 변화가 감지되고 있다. 앞서 살펴본 살아보기는 관광 아니면 귀농·귀촌 지원이 주된 목적이었다면, 2023년부터는 생활인구를 위한 사업과 프로그램이 본격 등장하고 있다. 즉 일회성 관광보다는 좀 더 지역에 밀착하되 귀농·귀촌 외의 다양한 형태의 교류를 지향하는 사업이 등장하고 있다.

생활인구는 한마디로 말하면 관광객과 정주인구 사이의 인구, 즉 어느 지역에 주소를 두고 살지는 않지만, 관광, 일자리, 학업 등의 목적으로 꾸준히 오가는 인구라 볼 수 있다.

이러한 생활인구에 대한 관심은 단지 프로그램 차원만이 아니라 인구에 대한 정의와 정책에 대한 근본적인 전환을 예고하는 것이기도 하다. 실제로 행안부는 2023년 생활인구를 법령으로 정의했는데 그 정의는 다음과 같다.

> **생활인구 = 주민등록에 의한 인구 + 등록 외국인 + 체류 인구**

체류인구란, 통근, 통학, 관광, 휴양, 업무, 정기적 교류 등의 목적으로 특정 지역을 방문하여 머무른 시간이 월 1회, 3시간 이상인 사람을 말한다. 이러한 기준에 근거해 2023년부터 전국 8개 시범지역에 대해 생활인구를 산정하기 시작해 2024년 1월 발표하기도 했다.

예를 들어 단양군의 인구는 2023년 6월 2만 7천7백 명인데 생활인구는 약 9.7배인 26만 9천 7백 명이 되는 것이다. 이렇게 지역의 주민등록인구뿐 아니라 생활인구를 함께 산정해서 예산지원 등을 하

2023년 6월, 시범 지역 생활인구 산정 결과

(단위 : 천명)

시범지역*	생활인구	등록인구[1]	체류인구[2]
충남 단양군	269.7	28.0	241.7
충남 보령시	527.8	99.6	438.2
강원 철원군	219.5	42.7	176.8
전북 고창군	242.2	53.4	188.8
전남 영암군	218.7	60.0	158.7
경북 영천시	347.5	103.6	243.9
경남 거창군	184.3	61.0	123.3

[1]등록인구 등록인구 = 주민등록 인구 + 외국인등록 인구
[2]특정 지역에 1일 머무른 총합의 시간이 3시간 이상인 경우가 월 1회 이상인 방문자
자료 출처 : 행안부

는 것이고, 2024년에는 지역소멸 지역 89개 전체로 확대해 나간다는 계획이다.

개인과 지역 원원할 수 있는
지역 살아보기와 관계인구

지역에서 살아보기는 개인뿐 아니라, 그 지역에도 긍정적 영향을 준다. 살아보기라고 하면 짧게는 1주일에서 한 달, 길게는 몇 달, 몇 년의 기간이 될 수도 있다. 그 기간 지역에 머물며, 주거, 음식, 교통, 문화를 위한 소비로 지역 경제 활성화와 홍보에 기여할 수 있다. 좀 더 나아가서, 지역의 자연과 문화를 체험하고 지역 사람과 친분을 나

누고 교류하며 애정이 커지면서, 그 지역에 우호적인 인적자원으로 역할을 할 수 있다.

기존에는 지역에 거주하는 정주인구만 인적자원으로 생각하는 경향이 있었다. 그래서 지자체는 지역으로 주소를 옮기는 것에 중점을 둔 인구 정책에 집중했다. 그러나 이주 중심의 귀농·귀촌은 생활 거점을 옮긴다는 부담감에 실행하기 쉽지 않고, 준비 없이 이뤄져 자칫 지역 내 심각한 갈등 요소가 되기도 한다. 하지만 살아보기는 개인과 지역 모두에게 여유를 갖고 서로를 알아가고 준비하는 기간을 제공하기에, 지역의 팬이자 문제 해결에 도움이 되는 새로운 인적자원을 만들 수 있는 것이다.

이렇게 그 지역 주민 즉 '정주인구'는 아니지만 지역을 아끼고 어떤 형태로라도 기여하고자 하는 인구를 '관계인구'라 부른다. 예를 들어 주소는 다른 지역에 두고 있지만 특정 지역을 정기적으로 방문하고 여행하는 사람, 제2의 고향처럼 생각하고 그 지역 상품과 서비스를 자주 소비하는 사람, 자신의 시간과 재능을 활용해 지역의 도움이 되는 활동을 하는 사람이 그 지역의 관계인구다.

앞서 살펴본 것처럼 우리나라의 행정은 공식적으로 '생활인구'란 용어를 사용한다. 주민등록지보다 생활을 어디서 하느냐를 중요하게 보는 것이다. 그러나 IT가 발달하고 온라인 기반 활동도 늘어나는 요즘 상황에서는, 물리적인 생활을 어디서 하느냐 보다 어느 지역에 더 많은 관심, 시간, 애정을 쏟느냐가 중요하지 않을까. 그런 측면에서 보면, 비록 일본이 먼저 사용한 용어지만 '관계인구'란 말이 적절하게 느껴지기도 한다.

살아보기는 지역의 관계인구를 확보하는 중요한 시발점이다. 그래서 많은 지자체가 귀농·귀촌을 유도하기 위해 '살아보기 사업'을 운영하고자 한다. 하지만 살아보기 프로그램이 저절로 귀농·귀촌 또는 관계인구 확보로 연결되는 것은 아니다. 생각처럼 인구 유입으로 연결되지 않자, 일부 지자체는 살아보기 사업을 폐지하기도 하였다. 지역 입장에서 중요한 것은 그 지역에 대한 교류와 소통의 정도, 그리고 질적으로 좋은 영향을 미치는 것이다. 따라서 일회성 여행은 물론 살아보기조차도 지역과 관계 맺음 없이 끝나는 프로그램이라면 정주인구는커녕 관계인구 확보도 어려울 것이다.

다양한 살아보기 참여자의 목적을 고려하고, 그 목적에 따른 프로그램을 운영하면서 지역의 일과 활동 그리고 사람과의 진솔한 교류가 이뤄질 수 있는 운영 방식이 병행되었을 때 지역의 관계인구로 연결될 수 있을 것이다. 패스파인더가 만들어진 이유도 중장년을 지역의 관계인구, 생활인구로 이어주는 것이다.

마침 경북도에서도 앞서 언급한 중앙정부의 정책에 발맞추어 몇몇 시군과 함께 생활인구 시범 사업을 진행하였다. 이에 패스파인더는 고령군과 손 잡고 〈고령 3일〉, 〈고령 살아보기 탐색〉 등의 프로그램을 수행하면서 지역살이 가이드북 『고령에서 살아보기』를 함께 만들게 되었다.

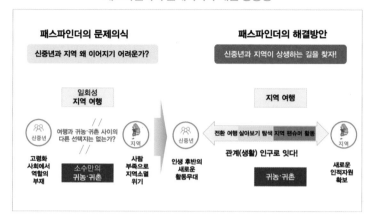

고령 가실래요?

처음 고령을 주변에 소개하면 "충남 보령이요?"하고 되묻기도 하고, "고령이 어디 있죠?"라는 질문도 많이 받는다.

경북 고령은 낙동강을 경계로 동쪽의 대구와 맞닿아있다. 위로는 경북 성주, 아래로는 경남 합천과 창녕이 접해있다. 고령이 포함되진 않지만, 북서쪽 덕곡면 가까이에 가야산 국립공원이 있다. 고령의 면적은 서울의 2/3 정도이고, 경북 전체 면적의 약 2%로 그리 크지 않다.

대부분 지자체가 그렇듯이 고령 역시 인구가 계속 줄고 있는데, 2024년 2월 현재 3만 6명이다. 고령살이를 시작한 2023년 7월에 비해

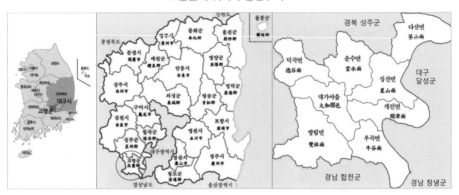

고령군의 위치와 행정구역

* 자료 출처 : 위키백과

서도 200명 정도 줄었는데, 2024년 중에 2만 명 대로 줄어들지 않을
까 싶어 안타깝다. 대구에 인접해 있어서인지, 내가 만난 고령군의 귀
농·귀촌인 중 상당수는 대구 출신이었다.

고령까지는 서울 중심에서 차로 약 4시간 거리이며, 대중교통을 이
용하면 서울역에서 서대구역까지 1시간 50분, 다시 고령까지 택시로
이동 30분 정도이다. 서울 남부터미널에서 시외버스로 대가야읍까지
바로 이동(3시간 30분)할 수도 있다.

고령 살아보기 준비

어느 지역도 마찬가지지만 살아보기를 할 때 가장 먼저 구하는 것
은 숙소다. 나의 경우 지역 파트너의 도움으로 살아보기 숙소를 구했

개실마을(한옥숙소와 체험 가능)

지만, 다른 지역과 마찬가지로 월 단위 살아보기 숙소를 구하기가 쉽
지는 않다. 살아보기를 위한 숙소는 2025년 오픈 계획인데, 우곡면
에 지어질 예정이다.

　공공과 민간에서 운영하는 주요 숙소는 표에서 보는 바와 같고 고
령 디지털 관광주민증을 소지하면 20% 할인받을 수 있는 숙소도 있
다. 고령 살아보기를 생각한다면 스마트폰에 설치할 앱과 가입할 커
뮤니티가 있다.

　첫째는 지역화폐 앱이다. '비플페이' 혹은 '지역상품권 chalk' 앱을
설치하면 고령사랑상품권을 10% 할인받아 구입할 수 있고, 지역 내
식당이나 카페에서 사용할 수 있다

예마을(팬션, 카라반 숙소 및 체험 가능)

　둘째는 디지털 관광주민증이다. 2022년 시범적으로 추진했던 '디지털 관광주민증'은 2024년 3월 현재 15개 지역에서 운영하고 있으며, 2024년 40개 지역으로 확대될 예정이다. 고령은 사업 초기인 2023년 5월 말부터 디지털 관광주민증을 운영하고 있으면 숙소, 카페, 박물관 등에서 할인 또는 무료 입장의 혜택을 받을 수 있다. 먼저 '대한민국 구석구석' 앱을 내려받고, 그 안에서 지역별 디지털 관광주민증을 선택해서 설치할 수 있다.

　셋째는 네이버 밴드 중 고령소식통 '고령에 스며들다'에 가입하는 것이다. 밴드 멤버들 간에 고령 지역의 생활, 정책, 문화, 행사 등의

숙소명	예약 방법
대가야생활촌*	군에서 운영하는 기와집과 초가집 숙소(내부 시설은 동일) mall.goryeong.go.kr/Accommodation 문의 전화:054-950-7180,7181
대가야역사테마 관광지펜션*	군에서 운영하는 통나무 펜션 숙소 mall.goryeong.go.kr/Accommodation 문의 전화:054-950-7005, 7030
미숭산휴양림	산림청운영 휴양림, 숲나들e 또는 미숭산자연휴양림 로그인 후 예약 www.foresttrip.go.kr/indvz/main.do?hmpgId=ID02030026 문의 전화:054-950-7407
개실마을*	쌍림면 소재 한옥마을www.gaesil.net/ 문의 전화:054-956-4022
예마을	덕곡면 소재 폐교를 리모델링한 마을 펜션 및 카라반 www.yegogo.co.kr 문의 전화:054-954-5555
생비원	덕곡면 소재 고령한옥펜션 www.hsbw.co.kr/ 문의 전화:054-954-1528
시간여행자센터	대가애 읍내 소재 게스트하우스 (2인실, 4인실) 문의 전화:010-2922-3076
안림딸기마을캠핑장	쌍림면 소재 캠핑장 blog.naver.com/ddalgiinvil 문의 전화:0507-1439-3503
생비원	덕곡면 소재 고령한옥펜션 www.hsbw.co.kr 문의 전화:054-954-1528
시간여행자센터	대가야 읍내 소재 게스트하우스 (2인실, 4인실) 문의 전화:010-2922-3076
고령대가야카라반	대가야 읍내 카라반 숙소 www.daegayacamp.com 문의 전화:054-955-1133, 010-9547-9900
대가야체험캠핑장	대가야 읍내 캠핑장 문의 전화:054-956-5279
숲에안기다	덕곡면 캠핑장 cafe.naver.com/herayastar 문의 전화:010-4145-9617
클라인가르텐 및 고 령팜 실습농장 (계획)	우곡면에 '25년 건설 예정, 임대 혹은 월 단위 살아보기 숙소 계획 클라인 가르텐은 20평 규모 주택, 고령팜은 6평 모듈러주택

* 표기 숙소는 디지털관광주민증 할인 가능

고령 살아보기의 필수 어플리케이션

정보 교류가 이루어진다.

높은(高) 산과 신령한(靈) 강을 곁에 둔 고령

고령(高靈)은 가야산과 낙동강 혹은 높은 고분에 있는 영혼들이라
는 의미로 해석되기도 한다. 고령의 가장 큰 매력은 고령이 갖는 역사
와 문화가 아닐까. 조금이라도 진지하게 고령을 찾는 이라면 바로 '대
가야'를 만나게 된다. 1읍 7개 면으로 이뤄진 고령군의 군청 소재지는
고령읍이 아닌 대가야읍이다.

2015년 고령읍에서 대가야읍으로 명칭을 변경했기 때문인데, 고령

지산동고분군 - 여럿이 가도 혼자 가도, 아침에 가도 저녁에 가도 좋은 곳

의 박물관은 대가야박물관, 공연장은 대가야문화누리, 영화관도 대가야시네마이다. 어찌 보면 '고령'보다 '대가야'를 더 자주 접하게 될 것이다.

대가야를 무너뜨린 신라가 '대가야'의 이름을 '고령'으로 바꾼 것에 대한 반감이 든 것인지, 대가야 시대의 영화를 이 시대에 다시 살리고 싶어서인지 몰라도 '대가야'는 고령을 이해하는 키워드임이 틀림없다. 몇 년 전 남원에서 듣고 관심을 두게 된 대가야를, 이제 대가야의 본산인 고령에서 다시 만나게 되니 감회가 새로웠다.

앞서도 몇 번 언급한 지산동고분군은 나의 첫 고령 방문에서부터 그 이후 고령살이를 마치는 기간까지 가장 자주 찾던 공간이다. 나뿐만이 아니라 고령을 처음 찾는 이들에게도 가장 인상 깊은 공간으로 기억된다. 크고 작은 고분들이 평지도 아닌 산 위에 700여 기나 흩어져 있다. 지름이 20여 미터에 이르는 순장 무덤 앞에 서면 시공간을 넘는 웅장함과 비장함이 얽혀 쉽게 잊을 수 없다. 〈고령 3일〉에 한 참석자가 김훈의 소설 『현의 노래』를 1호 고분 근처에서 낭독할 때는 잠시 프로그램 운영자임을 잊고 그 공간에 깊이 빠져들었다.

왕들의 상여는 능선 위로 올라갔다.
늙어서 죽은 왕들의 장례행렬은 길고도 느렸다.
강 건너편 언덕을 넘어온 만장의 대열은
들판을 구불구불 건너와 산 위로 향했다.
쇠나팔이 맨 앞에서 소리의 꼬리를 가파르게
치켜들면서 왕의 입산을 하늘에 고했다.
상여를 둘러싼 근위 무사들의 도끼날이 햇빛에 번쩍였다.

김훈 『현의 노래』 중에서

지산동고분군 외에도 대가야박물관, 대가야왕릉전시관, 우륵박물관 등의 알찬 문화의 공간이 다가오는 것은, 그러한 공간에 늘 상주하면서 양질의 해설을 들려주는 문화관광해설사의 존재 때문일 것이다. 그동안 다녀본 지역 중에서도 고령은 가장 체계적인 해설사 조직

대가야읍에 있는 박물관, 전시관, 공연장, 생활공간

을 운영하는 곳 중 하나일 듯싶다. 뒤의 책 본문에서도 두 분의 해설
사가 등장하지만, 단순 자원봉사를 넘어 깊이 있는 해설을 위해 많
은 공부와 노력이 뒤따른 것을 보며 고령의 문화를 뒷받침하는 큰 힘
이라 생각된다.

　고령 하면 또 하나 빠질 수 없는 것이 가야의 금(琴) 가야금인데, 어
떻게 보면 가야금 관련 수직적 통합을 이뤄내고 있다. 우륵박물관과
근처 가얏고 마을에서는 가야금에 대한 전시를 보고, 해설을 듣고, 체
험할 수 있으며, 청소년 연주단 혹은 군립 연주단이 연주하는 가야금
연주를 대가야 문화누리 등 곳곳에서 감상할 수 있다. 또 고령에는 국

지산동고분군에서의 가야금 작은 음악회(왼쪽) 및 지역상생 & 세대공감 20-50Hz 음악회(오른쪽).

가무형문화재인 가야금 악기 장인이 있어 오동나무와 명주실로 우리나라 최고의 가야금을 만들고 있다.

우리가 기획한 생활인구 프로그램에서도 세 차례의 음악회가 있었는데, 지산동고분군에서의 가야금 작은 음악회는 "아! 이런 감동을 언제 또 느끼게 될까." 하며 지금도 가슴 떨리는 시간으로 남아있다. 또 다른 공연은 고령의 청년 기업, 청년다운타운과 함께 준비한 프로그램이다.

청년과 중장년 음악인이 생활인구로 만나, 청년은 중장년 세대의 곡을, 중장년은 요즘 청년의 곡을 부르며 세대 간 소통하는 음악회였다. 음악을 매개로 지역의 자원과 세대 간이 결합하여 그야말로 '프리미엄 콘텐츠'의 가능성을 확인할 수 있었다.

여기에 더해 내가 고령살이를 하던 여름과 가을에도 다양한 축제가 진행되었는데, 그중에서도 '고령 세계 현 페스티벌'과 '대가야문화

고령살이 또 하나의 즐거움 – 다양한 공연, 축제, 영화

예술제'에 참여하면서 지역의 문화를 제대로 누릴 수 있었다. 숙소에서 5분 거리인 대가야문화누리와 대가야시네마 덕분에 서울보다 훨씬 자주 공연과 영화를 볼 수 있었다.

이렇게 지역의 문화를 누리며 감동할 수 있었던 배경에는 고령군청의 담당 부서, 고령 문화원, 문화관광해설사, 대가야시네누리협동조합 등 문화 분야에 종사하는 한 사람 한 사람의 고민과 노력을 알기에 더욱 그랬는지도 모른다. 마치 얼굴 있는 먹거리의 감동처럼, 도시에선 경험하기 쉽지 않은 얼굴 있는 문화를 누릴 수 있어서이지 않을까?

살아보기 중에 안타깝고 아쉬운 부분도 있다. 가장 큰 것은 가슴 절절한 마을 고령화의 체감이다. 우리 사회의 고령화 속도는 세계 최고 수준임을 다들 잘 알지만, 마을 단위로 내려가면 그것은 수치가 아니라 여러 제약으로 다가온다. 잘 팔리던 한과도 만들 어르신이 없고, 무슨 지원을 준다 해도 받을 수가 없다.

조심스럽지만 인적 자원의 파편화도 아쉬운 부분이다. 특히나 5060세대는 지역에서도 가장 인구도 많고, 중추적인 역할을 담당하고 있다. 공공에서, 기업에서 또 마을 커뮤니티에서도 이런저런 책임을 맡고, 각자 고군분투하는 경우가 많다. 좀 더 끈끈하게 서로 협업할 수 있으면 좋겠지만, 각자 자기의 일을 하기에도 분주하다.

서울시50플러스재단 혹은 인생이모작지원센터 같은 중장년 기관이 지방에도 있다면 좀 더 도움이 되지 않을까? 한꺼번에 이룰 수는 없겠지만 서로 힘을 합쳐 조직화해야 지역의 문제 해결에 도움이 되지 않을까, 하는 생각이 살아보기 내내 떠나질 않았다.

고령을 다니다 보면 곳곳에 캐치프레이즈처럼 걸린 문구 "젊은 고령! 힘있는 고령!"란 문구를 볼 수 있다. 안 그래도 고령화가 심한 지방에서 '고령'이란 지명이 주는 부담과 함께 조금 더 젊고 힘 있는 이미지를 얻고자 하는 마음은 충분히 이해된다.

하지만 중장년을 사회의 '짐'이 아니라 '힘'으로 만들고 싶은 패스파인더의 입장에서는 이 문구가 자꾸 마음에 걸린다. "젊음과 나이듦이 조화되는 고령!" 혹은 남원 실상사 주련의 문구처럼 "젊음도 빛나고, 나이듦도 빛나라"는 어떨까? '고령'의 지명을 활용하여 나이듦의 모델을 제시하는 고령으로 말이다.

고령에서 만난 사람들

5년간의 경험으로 볼 때 지역 살아보기의 진짜 하이라이트는 사람과의 만남이다. 그 지역의 사람을 만나지 않고서는 진정한 살아보기를 말하기 어렵다. 고령에서는 누구를 만났을까? 처음 나를 맞이해 준 분은, 고령살이의 첫 숙소인 예마을 사무장님이다. 나는 고령이 낯설었고, 그분은 생활인구, 관계인구가 낯설었다. 하지만 시간을 갖고 대화를 나누며 한분 한분 소개를 받았고, 소개받은 분을 통해 또 다른 분을 소개받는 식으로 만남의 폭이 넓어졌다. 내 또래 친구 같은 이들을 만나면 반갑고, 또 지역 주민들만 알만한 곳으로 초대해 지역을 소개해 줄 때는 정말 고마웠다.

개인적으로 누구보다 반가운 만남 중 하나는 대가야시네마에서였다. 서울에서 가끔 사회적경제를 강의할 때 꼭 언급했던 사례가 작은영화관 협동조합이었는데, 코로나 기간의 어려움을 견디지 못하고 폐업하여 너무 안타까웠었다. 그런데 고령 작은영화관은 '대가야시네마'로 그 명맥을 이어 다시 운영하는 것이 아닌가?

이 책 『고령에서 살아보기』는 결국 고령 사람에 관한 이야기다. 마을을 위해 애쓰고 있는 나와 동년배 친구, 열정을 갖고 고령의 문화를 알리는 인생 선배, 고향이거나 귀촌해 정착한 고령의 기업, 중간지원기관에서 애쓰는 후배들의 이야기이다. 여러분이 고령 곳곳에서 일하고 활동하는 지역의 사람을 만나게 하는 것이 바로 이 책의 가장 중요한 역할 중 하나이다.

『고령에서 살아보기』가 나오기까지

지역살이 가이드북 『고령에서 살아보기』 출판을 위한 〈고령 살아보기 탐색〉 과정 자체는 2개월 과정이지만, 그 전에 진행된 〈고령 3일〉 과정과 함께 경북—고령의 생활인구 사업 〈1시군—1생활인구 특화 프로젝트〉의 일환으로 진행되었다. 그렇다면 우리의 살아보기는 기존 살아보기와 과연 무엇이 다를까?

첫째, 우리는 단순 방문을 넘어 지역과 인연을 맺고 문제를 함께 풀어보려는 지역 팬슈머(fan+consumer)를 지향한다. 그러다 보니 참여자 모집에서부터 지역상생에 관심이 많고 열정을 갖는 분들을 모집하려고 한다. 또 사전에 교육을 통해 고령을 알아가며, 함께하는 참여자 간의 커뮤니티를 중요시한다. 고령 여행을 통해서는 고령의 문화와 자연을 체험하는 것뿐 아니라, 인연을 쌓기 위해 지역 내 다양한 분야의 사람을 만나는 것이 핵심이다.

둘째, 기존 프로그램이 청년 참가자 위주의 사업이 많았다면, 우리는 중장년도 생활인구의 중요한 인적자원으로 보고 있다. 그들이 가진 전문성이나 인적 네트워크가 지역의 마을, 청년과 만나 시너지가 날 수도 있다고 믿는다. 중장년 입장에서는 인생 후반 새로운 활동 무대를, 지역은 새로운 인적자원을 얻게 되는 것이다.

2023년 고령 생활인구 사업 진행

마지막으로, 우리의 살아보기는 수도권과 지역 사이의 긴밀한 협업으로 만들어진다. 기존 살아보기의 대부분은 지역(공급자) 위주로 진행됐다면, 고령 생활인구 사업은 도심권 참여자와 고령 지역 참여자 간 조율이 중요하다. 공공과 민간 각자가 가진 자원 모두를 활용하는 사업이다. 홍보와 참여자 모집에서 서울시50플러스재단, 경기남부 행복캠퍼스가 함께 했으며, 고령군에서도 고령 문화원, 개실마을과 차남마을, 그리고 다양한 분야에서 활동하는 분들이 함께 해주셨다.

특히나 사전 준비부터 실행에 이르기까지 같이 고민하고 기존에 없던 사례를 함께 만들어간 고령군 인구정책과, 신활력플러스추진단 그리고 예마을 여러분께 깊은 감사를 드린다.

이 책이 〈고령 살아보기 탐색〉 프로그램의 결과물로서만이 아니라, 이제 막 본격화된 생활인구에 있어 좋은 역할 모델이 되기를 바란다.

이 책을 통해 더 많은 사람이 고령을 찾아 인연을 맺고 스며들어, 고령을 새로운 활동의 무대로 삼기를 희망한다.

고령 가실래요?

역사의
숨겨진 선율에 흠뻑 빠지다

박태서

광화문에 있는 신문사를 33년 다녔다. 살아온 시간의 반이 넘는 시간. 너무 길었다는 생각에 스스로에게 자유를 주었지만 자유의 올바른 사용법은 익히지 못했다. 목적 없이 걷다 우연히 묵게 된 여행지. 낯선 곳에서 아침을 맞을 때 오히려 낯익은 자유의 냄새를 맡았다. 음악과 문학과 영화, 기쁨이면서 슬픔이었던 평생의 짝사랑. 그들을 지팡이 삼아 낯선 곳의 낯익은 자유를 더듬고 있다.

고령 문화관광해설사

내가 모르는 그곳으로

더 늦기 전에

조금 이른 퇴직을 했다. 맘속으로 정해놓은 퇴직일을 1년 정도 앞두고 식구들에게 통보했다. 3개월 앞두고는 회사에 알리고 후임자를 정해달라고 했다. 퇴직 결심을 들은 주변 사람들의 질문 패턴은 거의 같았다.

"정년이 2년이나 남았는데 왜?"

"일이 힘들어? 아니면 무슨 병이라도?"

"어디 다른 직장 구한 거야?"

셋 다 아니라고 하면 다음으로 나오는 반응도 하나같았다.

"헉, 로또 맞았구나!"

그게 아니라면 미친 짓이라는 얘기였다. 하긴, 퇴직 이후를 미리 준비한 것이 아니었다. 오로지 '퇴직'만 결심하고 실행했을 뿐이었다. 어딘가에 오래 얽매였던 삶의 틀을 바꿔보고 싶었을 뿐이었다. 명함에 적힌 직함에 맞춘 삶이 아니라 오래전 잊거나 잃어버린 본래의 내 모습에 맞는 삶을 살고 싶었다. 더 늦기 전에. 그걸 시작하는 일을 정년까지 미루는 게 별 의미가 없다고 생각했다. 이러는 내게 퇴직 이후 만난 선배와 친구들도 다들 한마디씩 했다.

"조금만 쉬다가 딴 데 알아봐, 까불지 말고!"
"처음 몇 달은 좋을 거야. 하지만 딱 6개월까지더라고. 못 견딜 걸!"

6개월 하고도 1년이 훨씬 더 지났다. 아직 괜찮다. 못 견딜 게 없다. 다만 애초에 생각했던 것, 본래의 내 모습에 맞는 삶이 대체 뭘까, 누가 물으면 그럴싸하게 답할 말이 마땅치 않았다. 산이나 강을 찾아 돌아다니고, 그림을 그리거나 음악 들으며 책을 읽곤 하는, 주머니는 가벼워도 여유는 만만한 나날. 나쁘진 않지만 과연 이런 게 내가 생각하던 인생 2막인가, 어딘가 마음 한구석이 흔쾌하지 않았다.

그러던 어느 날 고령을 만났다. 우연히. 보령도 의령도 대관령도 미시령도 아닌 고령이 내 앞에 나타났다. 우연이다. 하지만 이제까지 살면서 내가 의도하고 계획하여 이룬 필연이 과연 몇이나 되던가. 인생 대부분의 사건들이 사실은 우연의 연속 아니었던가. 놀라거나 신기하게 여길 일도 아니다. 다만, 내가 오래전부터 해오던 생각, 은퇴하고 나서는 어디든 낯선 곳에서 살아봐야지 하는 막연한 생각이, 그 우연의 끈을 끌어당긴 것일 수는 있다.

부모님의 연고지도 경기 지역 안쪽이어서, 평생 수도권을 벗어나 살아보질 못했다. 가끔 여행하며 언뜻언뜻 경험했던 우리나라 여러 지역들의 살이가 늘 궁금했다. 어디든 가서 살되, 단순히 머무르고 관찰하는 과객(過客)이 아닌 먹고자고 생활하는 주민(住民)으로서의 살이. 그런 살이의 처음을 고령에서 맞게 되었다. 비록 일주일도 안되는 짧은 며칠의 시간에 불과했지만.

사실 고령에 처음 와본 것은 아니었다. 5, 6년 전 휴가 때 대구 가던 길에 잠깐 들른 적이 있다. 길을 잘못 들어 지도를 확인하다가 이정표에 적힌 '대가야고분군'을 발견했다. 오, 여기가 거기네? 온 김에 한번 올라가 볼까, 하고 지산동 주산(主山) 능선을 잠깐 걸어본 적이 있다.

얼었던 땅이 막 풀리기 시작한 이른 봄, 고분군 주변엔 정비작업이 한창이었다. 연세 지긋한 아주머니들이 길 옆에 키작은 꽃나무를 새로 심거나 군데군데 무너진 봉분에 뗏장을 새로 입히는 일을 하고 있었다. 마침 쉬는 시간이었는지 대여섯 분이 모여 앉은 벤치 앞을 지나는데 한 분이 나를 불러 세우고는 맛이나 보라며 사과 한 조각을 건네주었다.

목마르던 차에 잘됐다 싶어 한입 크게 베어 물었다. 익숙한 달달한 맛에 이어 낯선 맛이 따라온다. 어라, 사과가 왜 짜지? 둥글게 모여 앉은 아주머니들 가운데에 펼쳐진 간식거리들을 보고 깨달았다. 사과와 함께 삶은 감자를 드시고 계셨는데, 감자에 소금을 뿌리던 손으로 사과를 집어 주신 거다. 달콤 짭짤, 우연히 들렀던 고령의 첫 맛은 내게 그렇게 남았다.

무덤을 이고 있는 도시

이번엔 길을 잘못 들어 간 게 아니고 마음먹고 찾은 길이었다. 고속도로에서 내려와 긴 다리를 건너다보니 정면 왼쪽으로 고분군들이 보였다. 아, 저 높은 곳에! 저 곳에 이른바 어떤 영(靈)이 있다면 성곽처럼 산으로 둘러싸인 도시의 정면으로 다가오는 모든 사람들을 지켜볼 수 있겠구나! 도시에 들어서는 사람은 누구나 피할 수 없는 시선 같은 것을 의식하게 되겠구나!

비로소 알겠다. 경주가 무덤을 품고 있는 도시라면, 이곳은 무덤을

높은 곳에서 내려다 본 지산동고분군. 고택의 대청마루에 서서 마당에 들어서는 나를 내려다보며 "자네는 어느 댁 자손인가?" 묻는 어르신을 뵙는 느낌이다.

머리에 이고 있는 도시다. 말로만 들었던 대가야의 무덤들, 몇 해 전 스치듯 지나쳤던 신비로운 무덤들을 이번엔 찬찬히 어루만지며 음미해 보기로 한다. 다리를 건너니 금세 읍내 진입. 별안간 무덤들이 불쑥 더 높아지고 고개는 뒤로 더 꺾어진다.

　대가야의 역사를 나는 잘 모른다. 학교에서도 배운 것이 별로 없다. 하지만 520년이나 지속되었던 왕국의 흔적이 만년 세월이 지난다 한들 어찌 쉽게 사라질까. 명확한 사료가 없는 것이 오히려 이 땅 후손들의 상상력을 더 자극한다. 마치 앞이 안 보이는 안개 속 숲을 거닐 때 더 설레는 것처럼. 박물관 유리창 안쪽의 유물과 유적 뿐 아니라 산기슭 강변 모래톱의 바위나 돌멩이에도 알 수 없는 전설이 깃들어 있을 것만 같다. 방문객의 느낌이 그러하다면, 이곳에서 태어나고 자란 사람의 정서는 무엇일까. 이른바 가야의 정서라는 것이 있기는 할까. 그런 궁금증에 대해 고령 토박이로 문화관광해설사 일을 하고 있는 이용호 선생은 이렇게 말한다.

"동네 산을 돌아다니면 오래된 토기같은 것들이 눈에 많이 띄었죠. 고분 주변 토기를 주워가는 게 학교 숙제이기도 했으니까. 변변하게 생긴 것은 교실에 진열하기도 하고 더 쓸만한 것들은 선생님 집에 갖고 가기도 했죠. 유물에 대한 인식이 딱히 없었어요."

먹고 살기 힘들던 시절이라 토기 같은 것에 관심을 갖기 어려웠을 것이다. 그래도 높은 산 위에 고분들이 무더기로 모여 있으니 특별한 유적이라는 생각이 들지는 않았을까. 일제강점기 때는 일본인들이 심어놓은 소나무에 가려져 있어 잘 몰랐다고 한다. 나무를 베어낸 뒤에야 고분군이 드러났다. 그나마 해방 전에는 일본 사람들이, 해방 후에는 우리나라 사람들이 모조리 도굴을 했다.

"고령경찰서 뒤 창고에 화물차 3대 분량의 유물이 쌓여 있었는데 일제 패망 전날 감쪽같이 사라졌다고 합니다. 70년대 후반 본격적으로 발굴이 시작되기 전에 고분의 90% 이상이 이미 도굴됐어요. 지산리 주변엔 아예 도굴꾼 하숙촌까지 있었으니 말 다했죠."

왕릉전시관에서 만난 이용호 선생. 돌발퀴즈와 구수한 유머가 섞인 그의 해설은 관람객의 눈과 귀를 사로잡는다.

일제강점기에 우리 유물 1천2백여 점을 빼돌린 소위 '오쿠라 컬렉션'. 거기에 분명 대가야의 중요한 유물들도 상당수 포함됐으리라. 하지만, 관리가 아무리 허술했어도 높은 산에서 땅을 파고 유물을 들어내는 일이 결코 쉽지는 않았을텐데.

"신라 고분은 나무관 위에 돌을 덮는 식이라 세월이 흐르면 흙과 함께 관이 아래로 다 내려앉아 흔적을 찾기가 아주 까다롭지만, 가야 고분은 돌로 만든 관 위에 다시 돌뚜껑을 덮었어요. 뚜껑만 들어내면 되니 상대적으로 도굴이 쉬웠던 거죠. 일본인들은 고분에 구멍을 내고 몸집 작은 어린아이를 먼저 들여보내 내부를 살펴보게도 했답니다. 70년대 공식 발굴 때 고분 안에서 소주병이나 과자봉지가 나오기도 했죠."

그리고 또 하나의 궁금증. 신라의 고분은 대개 평지에 있는데 가야 인들은 시신을 왜 굳이 산꼭대기에 모셨을까. 이용호 선생은 가야의 건국신화에 그 해답이 있다고 했다.

"산신 정견모주(正見母主)와 천신 이비가지(夷毗訶之)가 감응하여 가야 시조 이진아시왕을 낳았다고 하잖아요. 죽으면 어머니의 땅, 산으로 돌아가는 거죠. 죽은 왕의 신령이 높은 곳에서 백성을 보살펴준다는 의미도 있겠고."

논밭 팔아버리고 해설사 일에 몰두

이용호 선생이 처음부터 고향의 고분이나 유적에 대해 관심이 컸던 것은 아니었다. 젊은 시절엔 방랑벽이 있었다. 수석(壽石)을 좇아 전국 방방곡곡 안 다녀본 곳 없이 흘러다녔다. 사찰에 머물다 잠시 출가를 하기도 하고 한때는 벌통을 몇 개씩 지고 꽃나무를 찾아다니기도 했다. 고향에 연연하지 않았지만 그렇다고 타향에 정착할 생각도 없었다. 쉰 살을 앞두고 고령에 돌아와 농사를 지으며 인생 후반기에 대해 고민하던 어느 날, 박물관 가이드 모집 공고가 눈에 띄었다.

"타지를 떠돌면서도 어느 곳을 가든 그 고장의 유적 유물엔 관심이 갔어요. 우리나라 유적지는 안 가본 데가 없을 정도였죠. 공고를 보는 순

고분군 옆 오솔길을 따라 산을 오르다 보면 어느새 몸과 마음이 고즈넉해진다.

간 무릎을 쳤어요. 내 적성에 딱 맞겠다 싶은 생각이 든 거죠."

6개월 교육을 받고 2009년부터 고령군 문화관광해설사로 일을 시작했다. 일당 3만 원짜리 일이었지만, 돈이 문제가 아니었다.

"할수록 재미가 있더라고요. 논밭 팔아버리고 해설사 일에 올인했죠. 농사꾼이 농사 팽개쳤다고 동네 사람들은 손가락질 했겠지만 두 가지 일을 동시에 못해요. 뭐든 하려면 제대로 집중해서 해야죠."

일을 하다 보니 고민이 생겼다. 관광객들은 박물관이나 전시관의 유물에 대해서만 관심이 있는 게 아니었다. 예상하지 못한 다양한 질

44호 고분의 빈 석실, 누구의 자리였을까

1977년 겨울, 지산동 주산 남쪽 능선 가장 높은 곳에 위치한 44호 고분. 발굴팀은 흥분과 탄식을 감추지 못했다. 지름 30m 높이 6m 크기에서 최고 권력자의 무덤임을 짐작했으나, 출토된 유물 개수와 수준, 무엇보다 순장자의 숫자에 놀랐다. 무덤 주인을 중심으로 동심원 형태로 배열된 순장곽이 32개나 발견됐다. 석실 1개에 시신 2구가 들어있는 곳도 있었으니 당시 함께 묻힌 사람이 40명에 가까웠을 것으로 추측된다. 가야는 물론 신라 무덤에서도 순장의 흔적이 있지만 이 고분만큼 순장자의 수가 많은 곳은 드물다. 무덤 주인이 엄청난 권력자였던 것이다.

갖가지 사연이 넘쳐났을 것이다. 순순히 죽음을 받아들인 사람, 거부하고 반항한 사람, 가족을 위해 대신 죽은 사람, 죽을 사람을 사서 바꿔치기 한 사람, 운좋게 이웃 나라로 도망간 사람. 생과 사의 갈림길에서 엇갈리는 운명들. 모두 흥미진진한 드라마나 소설의 훌륭한 소재가 아닌가.

44호 고분에는 빈 석실이 하나 있다. 그 자리의 주인은 누구였을까. 상상이 꼬리를 물고 뻗어나간다. 비극적이고 반윤리적인 풍속이 오래 갔을 리 없다. 이것이 대가야 멸망의 단초가 되었을 것이다. 1500년 전 민초들에게 서늘한 권위와 공포였을 순장. 이제는 전설 속 애잔한 상념과 상상의 문을 여는 키워드가 되었다.

왕릉전시관의 내부. 44호 고분의 발굴 당시 모습을 재현해 놓았다.

문에 적절한 답을 하려면 공부를 해야 했다. 경상북도 에코가이드 교육도 받고, 숲해설가 자격증도 땄다. 어려서부터 숲에서 자랐기 때문에 나무 종류야 손금 보듯 환하지만, 자격증이 있는 것과 없는 것은 아주 다르기 때문이다. 농로 구덩이에 반쯤 묻힌 돌덩이가 그의 눈썰미 덕에 별자리를 새긴 가야시대 암각화, 성혈(性穴)로 밝혀진 일도 있었다.

"골짜기에 바위가 하나 있었는데 표면에 새겨진 무늬 생김새가 심상치 않아 며칠을 두고 다니며 살펴봤죠. 홈이 패여 있어 아이들이 구슬치기 놀이 하던 곳이라 하더라고요. 야산에서 토기조각 무더기를 발견해 박물관에 신고했더니 대규모 도요지로 밝혀진 일도 있었고요."

그런 걸 보면, 이용호 선생이 고령의 문화해설사가 된 것은 아무래도 운명 아니었을까.

고령의 첫 문화관광해설사

쌍림면 개실마을에서 만난 김재호 선생. 그는 고령의 1호 문화관광해설사다. 대학에서 사학을 전공하고 직장생활을 하다가 1999년에 부모님 사업을 도우러 고령에 돌아왔는데, 역사에 관심이 많은 그를 눈여겨본 어느 군청 공무원에게 '픽업'되면서 이 길로 들어서게 됐다.

"향토사를 공부하다 종가 어르신 등의 인연으로 고령문화원 일을 하게 된 거죠. 2004년 고령군 1기 문화해설사가 되었습니다. 그때만 해도 고령에서 역사문화 관련된 모임이 단 한 개뿐 일 정도로 이 분야에 대한 관심이 적었죠. 경주만 해도 관련 지역단체가 100개도 넘던 시절이었는데. 최근 유적 보존회같은 문화지킴이 활동을 하는 모임들이 늘어나고 있지만 안타깝게도 아직 미미한 수준입니다."

2023년 현재 고령군청의 문화관광해설사는 23명. 최근 문화관광 사업에 관한 군청의 관심이 커졌기 때문이기도 하지만 기본적으로 볼만한 역사 유적이 다른 곳보다 풍부하다는 것이다.

2023년 9월 지산리고분군 등 가야 고분군 7곳이 유네스코 세계유산으로 등재되었다. 외지인들이 고령에 대해 관심을 갖게 되는 새로운 계기가 되진 않았을까.

"세계유산 등재 전후로 좀 떠들썩해지긴 했지만, 대가야 자체가 새로운 것이 아닙니다. 44호 고분이 발굴되고 그곳의 순장 규모에 놀라 요란했던 게 1977년인데, 그로부터 28년이 지난 2005년에야 대가야박물관이 지어졌으니까요. 고령은 인근 칠곡이나 성주에 비해 인구도 적어 행정적 문화적인 지원이 아쉬운 부분이 많았어요."

김 선생이 고령의 첫 문화관광해설사가 된 지 거의 20년. 짧지 않은

김재호 선생은 시종 유쾌하고 힘
찬 목소리로 대화를 이어 나갔지
만 인구소멸이나 취업문제 등 현
안을 언급할 때에는 표정이 어두
워졌다.

시간 동안 일을 하면서 보람도 많았지만 애로도 많았다.

"자격증이나 학위는 없지만 고령 토박이로 유적 유물에 대해 나름 애
정을 갖고 공부를 많이 하신 분들이 계십니다. 그런데 서울의 교수라
는 사람들이 와서 그분들 의견을 싹 무시하는 걸 보고 화가 났습니다.
오기가 생겨서 몇 년간 혼자 관련 논문이나 사료들을 파고 다녔죠."

덕분에 전문가 못지않게 공부도 많이 하게 됐다. 관광객을 상대하
는 해설사는 문화재의 가치를 재확인하게 해 주는 사람이지 교육자
는 아니기 때문에 최대한 재미있게, 고령인의 자부심을 키우는 쪽으
로 문화재를 보는 눈을 뜨게 해주려고 하고 있다.

머무른 지 며칠 안됐지만 고령엔 고분군뿐 아니라 사람들을 끌어모을 만한 매력이 많아 보인다. 딸기, 수박, 멜론 같은 특작물이 있고, 낙동강을 따라 널리 펼쳐진 경관이 있고, 전설을 노래하는 듯한 가야금의 역사가 있다. 알려진 게 너무 적다는 느낌이다. 김재호 선생도 그 점을 아쉬워했다.

"쌍림면에 월막리라는 동네가 있습니다. 월막(月幕), 이름도 얼마나 예쁩니까. 고인돌도 있고 자연환경도 아주 좋아요. 매력있는 콘텐츠는 충분한데 사람들을 끌어모을 준비가 덜 돼있어요. 대가야 박물관 전시관만 해도 너무 소박하죠. 동선이 다양하고 길어지게 업그레이드시켜야 합니다. 숙박시설도 확충해야죠. 지나가다 들르는 곳이 아닌 머물며 살펴보는 곳이 되려면."

김재호 선생은 해설사 말고도 다른 직함을 하나 더 갖고 있다. 대한노인회가 운영하는 경북지역 어르신 취업지원센터의 23개 지회를 총괄하는 센터장이다. 재취업교육과 도농연계 사업 등을 병행해 1년에 4천 명 정도 어르신 일자리를 연결하고 있다. 단기 취업이 대부분이지만 어르신들의 만족도는 높은 편이다.

고령 인구의 절반 이상이 65세 이상 노인이기 때문에 지역 활성화를 위해서도 어르신 취업 지원은 더 확대하고 싶은 마음이다. 그는 고령의 문화와 관광사업에 못지않게 나날이 그 숫자가 늘어가는 노인

문제 역시 중요하고 시급하다고 생각한다.

"일자리센터 운영방식도 달라져야죠. 청년 여성 노인 센터를 왜 따로 구분합니까. 상담이나 교육을 한 곳에서 한 번에 해결할 수 있는 원스 톱 서비스가 필요합니다. 공급자 편의가 아니라 취업 희망자 편의가 중요하죠. 일자리 찾아다니게 하지 말고 찾아가서 일자리 마련해주는 적극적인 지원방식으로 바뀌어야 해요."

"노인 한 명이 사라지면 도서관 하나가 사라지는 것과 같다"는 말이 있다. 김재호 센터장은 노인 취업지원 일을 하면서 어르신들의 육성을 녹음해 두고 싶었다고 한다. 대가야 역시 마땅한 기록이 없었던 까닭에 그렇게 오래 잊혀져 있었던 것 아닌가. 어르신들의 회고담 하나하나가 고령의 도서관이 될 수 있을 텐데, 다만 여러 사정이 마음같지 않아 아쉬울 뿐이라고 한다.

내가 모르는 그곳

고령에 머문지 나흘째 되던 날 새벽 지산동 주산(主山)에 다시 올랐다. 마침 가을이어서 계절적으로 아침에 안개나 구름들이 많아 보기 좋은 때라고 전날 누군가 귀띔을 해주어, 동이 트기 전 서둘러 옷을 주워입고 나갔다. 인빈관 쪽에서 출발해 1호 고분까지 올라가는 코스였다. 산중턱, 싸늘한 공기에 움츠렸던 몸이 살짝 더워질 때 쯤 해가 올라오기 시작했다. 역시 올라오길 잘했구나. 장관이 펼쳐졌다. 멀리 낙동강 줄기를 따라 낮게 깔린 구름들이 서서히 산 쪽으로 밀려오고 있었다. 영험한 산 위에 자리잡은 고대의 영(靈)들을 경배하듯, 몸낮춘 구름들 위로 아침 햇빛이 붉고 푸르게 펼쳐졌다. 이어서 돌아누운 여인의 뒷모습같은 고분들 옆으로 둥그런 그림자가 생기고, 그림자 속 풀잎 사이에서는 아지랑이같은 안개가 소리없이 피어올랐다. 마치 무덤 속 천년도 더 지난 영혼들이 꾸는 꿈처럼 아득하게.

　　옛 향수 그리워서 무덤 찾아 올라와도
　　반기는 이 그리운 이 아무도 없는 능선
　　역사도
　　남기지 않고 어디로 간 것일까

문화해설사 이용호 선생의 시 <고분군에 올라서니> 중에서

　신라와 백제의 세력 다툼 틈바구니에 끼어 한 순간의 잘못된 정세 판단으로 변변한 기록도 남기지 못한 채 멸망한 왕국, 그 나라를 다스렸던 왕들과 그리고 자기 의지와는 무관하게 왕과 함께 묻혀버린 장삼이사들의 서늘한 한과 아련한 슬픔들. 여기 사는 사람들도, 그리고 나처럼 며칠 머무르는 사람도, 이곳에 올라오면 다들 비슷한 상념

동틀 무렵 고분군 산책. 산허리를 감싸는 안개와 운해가 신비로운 분위기를 만든다.

에 잠길 것 같다.

1호 고분이 있는 곳까지 올라갔다가 다시 되짚어 내려가는 길, 안개도 걷히고 구름도 물러나 발밑의 대가야읍 전경이 한눈에 내려다보였다. 조상들의 영혼이 품어 지켜주는 저 도시에 사는 사람들, 대가야의 후손들은 그래서 지금 편안하고 행복한가. 나같은 외지 사람도 스며들어 함께 지낼만한 곳인가. 계절에 따라 시간대에 따라 전혀 다른 모습으로 변신하는 지산동고분군 같은 것들이 한없이 매력적이긴 하지만, 매일 고분군 산책이나 하며 지낼 수는 없는 일 아닌가. 현실적인 고민들이 다시 고개를 든다.

고령에서 만났던 사람들의 조언은 비슷했다. 막연한 동경심으로 결심한 귀촌 귀농은 실패할 수 밖에 없으며, 고소득 특작물을 생산하는 곳 외에는 외지인이 생업을 유지하면서 정착하기가 어렵다는 것.

웬만하면 오지 말라는 얘기다. 고령 출신인 김 센터장조차도 고향에 돌아온 직후엔 적응하지 못하고 우울증까지 겪을 뻔 했다지 않는가.

　고령 역시 인구소멸 위험지역 중 하나다. 좋든 싫든 외부에서 인구가 유입되지 않는 이상, 결과는 빤히 보인다. 그러나 외지인이 들어오고 싶어도 안팎 여건이 이처럼 여의치 않으니, 현실이 안타깝고 답답할 뿐이다. 귀촌 귀농을 생각하는 사람들이 가장 아쉬워하는 게 인적 네트워크 지원이라는데, 고령에 대해 아무 것도 몰랐던 내가 이번에 '아는 사람' 두 명이 생긴 건 그래서 큰 행운이다.

　머무르고 싶어지는 매력적인 곳, 그러나 실천은 매우 만만치 않은. 몇 해 전 '달콤하고도 짭짤했던' 고령의 첫 맛이 다시 입 안에 맴돌기 시작한다.

　고령을 소개하는 무크지를 보니 책의 부제가 '당신이 모르는 그 곳' 이다. 고령은 잘 모르는 곳이라는 사실을 고령도 알고 있다! 고령에 살아보고자 하는 사람이라면 오히려 이것을 출발점으로 삼으면 좋겠다. 내가 모르는 곳, 낯선 곳을 서서히 탐색하고 알아가는 기쁨, 오히려 흥분되지 않는가. 눈앞 희미했던 안개 속 고분군을 거닐 때 더 짜릿했던 것처럼.

　퇴직 후 인생 2막의 삶이 어딘가 불안하고 부자유스러웠던 것 역시 내가 잘 모르는 낯선 영역에 발을 들였기 때문일 것이다. 하지만 언제 안 그랬던 때가 있었나. 잘 모르는 일, 낯선 사람들을 겪어내고 또

눈앞 희미했던 안개 속 고분군을 거닐 때 더 짜릿했던 것처럼, 낯선 곳을 서서히 탐색하고 알아가는 기쁨이 있을 것 같다.

익숙해질만 하면 다시 모르는 장소 낯선 시간을 겪게 되는 게 지금까지의 삶 아니었던가.

　며칠 살아보는 것이 아니라 본격적인 살이를 하려면 단단히 준비부터 하라고 한다. 그러나, 어차피 '따로 또 같이'에 익숙한 나로서는 준비할 게 별로 없다. 숙소를 정하고 잠만 자고 일어나 돌아다니다 돌아오는 과객(過客)의 생활이 아니라 아침저녁 슬리퍼를 끌고 동네 구멍가게 오가는 주민(住民)의 생활을 꿈꾼 지 오래되었다. 그리고 운 좋게도 '다시 돌아가고 싶은' 곳이 생겼다.

　봄옷을 갈아입고 있을 가야산 풍경을 떠올리며, 오늘도 설레는 마음으로 길을 나설 채비를 한다. 잊었던 내 본래의 모습을 찾아, '내가 모르는 그 곳'으로 떠나기 위해.

추미양

교직을 떠나니 자유롭지만 허전했다. 사진, 영상편집, 노인교구를 배워 봉사하면서 새로운 삶을 시작했다. 걷기 명상과 필라테스로 심신을 챙기며 서울시와 송파구에서 기자 활동을 하고 있다. 창가에 앉아 글쓰기를 좋아하고, 다리 힘이 빠질 때까지 세계를 여행하고 싶다. 서울 아파트에 살지만, 마당 있는 집에 머무르며 놀이처럼 즐겁게 일할 곳도 찾는 중이다.

고령군 관광마케팅팀 · 대가야왕릉전시관 · 가야금 작은 음악회

매일 산책하고 싶은
숲길이 있는 곳

마당 넓은 집

결혼 후 줄곧 아파트에 살았다. 아침 일찍 일어나 애들 밥 챙겨주고 후다닥 매무새를 가다듬은 뒤 집을 나섰다. 고등학교 지리 교사로서 교실에서 아이들과 스페인의 토마토 축제를 즐기고 사하라사막의 모래바람에 눈을 질끈 감고 나면 종이 울렸다.

"한 번도 가보지 못한 곳인데 잘도 가르쳤네. 무식하면 용감하다더니"

피식 웃음이 나왔다. 그래도 열심히 인터넷을 검색해 사진과 영상을 보여주고 지구 저편 세상으로 함께 빨려 들어갔다. 공부보다 해외 여행 꿈만 키워준 수업. 졸업한 제자의 인스타그램에는 바르셀로나의

야외 카페, 이집트의 사막이 서울처럼 친숙하게 올라왔다.

33년 지켜온 교단을 떠나니 백조가 됐다. 미뤘던 버킷리스트를 감행할 수 있게 됐다. 몽골, 부탄, 캐나다, 조지아 등 지인들이 가자고 하면 바로 짐을 쌌다. 마당 있는 집에서 화초도 키우고 재봉도 배우며 전업주부처럼 살면서 여유를 즐기리라 마음먹었다.

대학 후배의 양평 세컨하우스에 초대받아 갔다. 잔디밭에 나오니 머리카락이 차가운 볼을 스쳤다. 커피는 식었지만 향기로웠다. 대추도 따고 꽃들과 인사도 나눴다. 루콜라 듬뿍 올린 샐러드는 나를 더 건강하게 해줄 것만 같았다. 그 후 나는 열병을 앓았다. 마당 있는 집에서 살아보는 것이 버킷리스트 맨 위로 올라갔다. 여동생과 양평 전원주택 매물을 검색하다가 이거다 싶으면 달려가 집 구경을 했다.

"서울에만 살았으니 당신은 시골을 몰라. 집 관리도 해야 하고 텃밭 농사도 나름 손이 많이 간다고. 잔디는 누가 깎나?"

남편은 한심하다는 눈치였다. 여동생은 2년 전 전원주택을 구했고 미적거리던 나는 포기했다.

"내 집은 아니지만, 한달살이 아니 보름살이 해보면 어떨까? 요즘 유행이라던데"

이 말에는 남편이 동의했다. 세컨하우스 고민이 없어지면서 서울 생활은 바삐 돌아갔다. 시니어신문 기자로 일하며 일주일에 1개씩 기사를 썼다. 마감 전날 늦은 밤까지 노트북을 두들겼다. 어깨는 구부러지고 머리는 지끈거렸다. 건강이 더 중요한데 이게 무슨 짓인가. 삶의 바퀴를 잠시 멈췄다. 살림살이와 머리를 비우고 미니멀 라이프를 실천하기로 했다. 베란다에 방치된 화분을 모두 버리고 작은 화분 3개를 샀다. 책장을 비우고 옷장 깊숙이 걸린 외투도 기부했다. 하루하루가 잔잔한 호수 같았는데 불쑥 바람이 불더니 수면이 흔들렸다. 내 마음은 벌써 서울을 떠나고 있었다.

있었지만 잘 몰랐던 곳

옷가지를 넣은 캐리어를 현관 앞에 놔뒀다. 4년 만에 꺼낸 캐리어다. 남편을 위해 냉동 밥과 찌개를 해놓고 서대구행 SRT가 출발하는 수서역으로 향했다. 여행 준비로 지친 몸을 의자에 눕혔다. 가끔 눈을 떠 차창을 내다보니 산등성이 아래로 황금 들판이 드문드문 지나갔다. 가을이 스며들고 있었다. 잠깐 눈을 붙였다. 방송이 나온다. 곧 서대구 도착이란다. 1시간 40분이 휘리릭~ 지나갔다.

고층 아파트가 산맥처럼 둘러친 대구를 벗어나니 시야가 탁 트였다. 누렇게 익어가는 벼가 물결쳤다. 터널을 지나자 모습을 드러낸 고령. 거대한 들판을 품은 분지다. 거리마다 지산동고분군의 유네스코 세계유산 등재를 축하하는 현수막이 걸렸다. 백제와 신라 사이에 있었지만, 잘 몰랐던 나라 대가야. 그 후손의 자부심이 펄럭이고 있었다.

집 근처 올림픽공원 안에 한성백제박물관이 있다. 2023년 봄 특별전시회로 〈가야, 백제와 만나다 Ⅱ 대가야〉가 열렸다. 매일 반려견과 산책하는 곳에서 만난 전시 홍보 현수막. 현수막 덕분에 대가야의 존재는 알았지만 고령과 연결시키지는 못했다.

지도를 펼쳤다. 북서쪽에 가야산이 우뚝 솟아있고, 동쪽에는 낙동강이 굽이쳐 흐른다. 동서로 광주—대구고속도로, 남북으로 중부내륙고속도로가 지나가는 곳이다.

'Go Young', 젊은이여 고령으로 오라!

고령의 중심지인 대가야읍에 들어서니 사진으로만 본 지산동고분군이 자태를 드러냈다. 크고 작은 대접을 주르륵 엎어놓은 것 같았다. 대가야역사테마관광지를 지나 능선으로 오르니 396, 397 등등 번호만 적힌 고분이 대가족처럼 모여있다. 평지에 있는 경주 고분과는 사뭇 다르다.

대가야문화누리 옆 '휴식의 몽상' 카페에서 고령군 관광마케팅팀 윤태정 팀장을 만났다. 두툼한 검은 뿔테 안경을 쓴 윤 팀장은 관광 분야에서 활동하다가 8년 전 공채돼 고령군청에서 일하고 있다. 이곳

여행 중 하룻밤을 묵었던 개실마을. 아담한 한옥 숙소와 조용한 마을이 인상적이었다.

에서 관광마케팅 업무를 처음 시작할 때는 사막에서 모내기하는 심정이었다고 한다.

"제 친구들도 고령이 어디에 있는지 모르더군요. 서울시민의 95%가 고령을 모르니 해외 관광객 유치는 더욱더 어렵고요."

나 역시 얼마 전, 대학 동창들과 경남 거창의 수승대와 합천 해인사에 다녀왔는데 해인사를 품고 있는 가야산을 등지고 고령대가야축제가 열리고 있었지만, 누구도 고령을 여행지에 넣자고 말하지 않았다.

"사람들은 '고령' 하면 고령 사회를 먼저 떠올려요."

윤태정 팀장은 고령의 관광산업 발전을 위해 추진했던 사업과 아이디어를 상세히 설명했다.

윤 팀장은 우선 고령의 이미지부터 바꾸기로 마음먹고 'Go Young' 을 슬로건으로 내세웠다. '젊은이여 고령으로 오라'는 뜻이다. 군 캐릭터인 '가야돌이'도 5년 만에 교체했다. 보수적인 고령에서 유치할 정도로 귀여운 다섯 동물과 단장으로 구성된 6인조 '고고 스트링 밴드GOGO STRING BAND'를 만들고 어린이부터 어른까지 아우르는 마케팅을 펼쳤다. 고고 스트링 밴드를 데리고 서울국제관광전에 갔을 때는 관람객들의 집중적인 관심을 받았다. 아이들과 부모들이 '고고 스트링 밴드' 캐릭터와 함께 사진을 찍겠다고 줄을 서서 놀랐다고 한다.

대가야역사테마관광지를 걷다가 고고 스트링 밴드 캐릭터에 반해 사진을 단톡방에 올린 기억이 떠올랐다. 깨진 토기를 뒤집어쓴 드럼 담당 가야토 캐릭터가 제일 귀여웠다. 고령의 이미지가 오기 전보다 젊어졌다.

놓치면 후회하게 될 고분군 일출

40대까지는 높은 산도 정상까지 올라갔다. 이젠 무릎이 시큰거려 나지막한 산을 오르거나 둘레길을 걷는다. 퇴직 후 직장 동료들과 트레킹 모임 만들어 서울둘레길 완주에 도전하고 있다. 고령에 왔으니 경치 좋고 공기 맑은 곳에서 느릿느릿 산책하고 싶다.

윤 팀장은 지산동고분군 일출 산책을 추천했다. 특히 일교차가 큰 날 아침, 운무가 보이면 무조건 올라가라고 한다. 15분만 올라가도 일출을 볼 수 있지만 높이 올라갈수록 더 멋진 장관이 펼쳐진다고 힘주어 말한다. "이건 꼭 봐야 해" 굳게 결심하고 잠자리에 들었다. 깨 보니 벌써 창밖이 훤하다. 일출 산책을 다녀온 일행이 담아온 사진과 영상을 보고 후회했다. 낮게 깔린 운해를 헤치고 고개를 내민 고분이 서서히 붉게 물들고 있었다. 신령스러웠다. 고령을 다시 찾을 이유가 생겼다.

낙동강을 따라 걷는 길은 낭만이 있다. 다산면 은행나무 숲길은 낙동강을 조망하면서 산책할 수 있다. 아직 은행잎이 노랗게 물들지는 않았지만, 강바람에 일렁이는 물비늘을 바라보며 서울에서 묻어온 먼지와 잡생각을 털어냈다. 11월 초중순 노란 단풍이 절정을 이루고 비

아침 일찍 지산동고분군이 있는 주산에 오르면 붉은 기운을 헤치고 산과 마을이 고개를 내민다.

바람이 세차게 불면 숲길은 황금색 카펫으로 덮인다고 했다.

　은행나무 숲이 알려지기 시작한 것은 드라마 〈킹덤〉 덕분이다. 이곳에서 마지막 부분인 좀비 결투 장면을 촬영했다. 그 후 드라마 〈연모〉, 〈무빙〉 촬영으로 이어져 방송을 통한 홍보 효과를 톡톡히 봤다.

　낙동강을 따라 개경포너울길부터 부례관광지까지 청룡산 MBT자전거도로가 있다. 도로 옆에는 데크 길이 나란히 있어 걸어서 왕복하면 2시간 걸린다. 갈 때는 강을 따라 걷고 돌아올 때는 청룡산 산길을 이용해도 된다. 퇴직 전 주말마다 한강공원에서 남편과 자전거 하이킹을 했다. 차 트렁크에 싣고 다니려고 접이식 자전거를 샀는데 요즘 베란다에서 잠자고 있다. 고령에 갈 때는 자전거를 가져가, 강바람을 가르며 유유자적 페달을 밟고 싶다.

고령 장터를 가득 채운 사람 냄새

외식보다는 집밥을 선호한다. 당뇨와 혈압 때문에 식단을 조절해야 하는 남편도 외식이나 배달 음식을 꺼리니 수시로 장을 본다. 동네 마트를 자주 이용하지만 일부러 조금 먼 암사종합시장에 가기도 한다. 시장 부근에 암사도서관이 있기 때문이다. 돌아오는 길에 단골 가게에서 꽈배기를 먹고, 펄떡이는 생선도 맘껏 고른다. 들고 오느라 팔이 아프지만, 가성비 최고다. 온누리 앱을 사용하면 10% 할인도 받는다.

고령대가야시장은 대가야읍 중심에 있다. 한때 경상북도 4대 시장 중 하나였다. 4일과 9일이 고령 장날이다. 다른 지역 시장보다 규모가 크고 사람도 북적인다. 어릴 적 귀를 막고 튀밥을 기다리던 '뻥이요!' 할아버지도 만날 수 있다. 내륙지역인데도 생선이 제법 눈에 띈다. 귀한 송이버섯이 가지런히 누워 주인을 기다린다. 내가 좋아하는 나물과 잡곡, 말린 생선이 발걸음을 잡았지만, 선뜻 지갑을 열지 못했다. 집까지 가지고 가려면 자동차, 기차, 지하철을 갈아타야 한다.

고령에는 유난히 소고기와 돼지고기를 넣고 푹 끓인 음식이 많다. 축사 운영자가 많은데다가 다산면에 고령축산물공판장이 있어 신선한 고기를 먹을 수 있기 때문이다.

"어느 식당을 가도 고기 품질이 좋아요. 대구보다 훨씬 싸고요. 국밥은 꼭 맛보세요."

고령대가야시장에서 만난 뻥튀기 기계와 귀한 송이버섯. 밭에서 바로 수확한 채소를 파는
어르신과 정담을 나누고 덤도 받을 수 있다.

    시장 골목 깊숙이 들어오니 윤 팀장이 소개한 국밥집이 보였다. 장
날이라 어르신이 제법 많다. 우리 일행은 돼지국밥을 주문했다. 말
끔하게 갖춰 입은 할아버지들이 친구와 막걸리를 반주로 돼지국밥
을 드시고 있다. 돼지국밥으로 배를 든든하게 채우고 돌아가는데 일
행 중 한 분이 국화빵을 건넸다. 한입 크게 물으니 따끈하고 달콤한
팥이 입 안 가득 퍼졌다. 고개를 좌우로 돌리니 밭에서 바로 수확한
콩, 시금치, 호박이 유혹한다. 머릿속에 잡곡밥에 나물, 고깃국의 식
탁이 차려졌다.

    숙소에 들어오면 뭉친 다리부터 주물렀다. 따뜻한 물로 샤워하고
나면 방바닥에 퍼졌다. 침대에 익숙해서인지 요 깔고 이불과 베개 꺼
내기가 귀찮았다. 커피와 쿠키를 먹으려니 식탁과 의자가 없어 가부
좌하고 교자상 앞에 앉으니 다리가 불편했다.

덕곡면 예마을에 갔을 때 카라반 체험을 했는데 그 안에 침대가 있었다. 데크 위에 테이블도 있어 가야산을 바라보며 모닝커피를 마셨다. 멋진 시설을 갖춘 숙소에서 자고 싶은 욕심은 없지만, 책상으로도 쓸 수 있는 테이블이 있으면 무릎 관절이 행복할 것 같다. 윤 팀장에게 숙소 불만을 털어놨더니 고개를 끄덕인다. 관광객을 만족시킬만한 호텔 같은 고급 숙박 시설이 부족한 것이 한계라고 한다.

고령에서 골프 치고 나면 대구로 가서 먹고 잔 뒤 집으로 간다며 속상해한다. 빅데이터 분석을 해보면 관광객이 고령에 머무는 시간은 4시간도 채 안 된다고 한다. 지산동고분군의 세계유산 등재를 계기로 학생 수학여행이나 현장학습을 유치하려 해도 유스호스텔이나 청소년수련원이 없다. 숙박 시설 확충이 절실해 보였다.

윤 팀장은 각종 공모사업에 도전해 받은 국비와 도비 보조금으로 문화재 야행 프로그램을 기획했다. 야간에 즐길 거리가 많아야 하룻밤 묵게 되고 식당도 수입을 올려 지역 경제가 살아나기 때문이다.

고령에 가면 꼭 먹어야 할 먹거리 5가지

○ 고기 듬뿍 들어간 진한 돼지국밥 : 소문난할매국밥
○ 보약처럼 든든한 이색적인 도토리수제비 : 대원식당
 - 도토리 반죽을 수제비처럼 떼어낸 뒤 인삼, 대추 등 한약재를 넣고 푹 끓였다.
○ 누구나 만족하는 퓨전 한식당 : 한식명가가야금, 녹원가, 참살이
○ 역사가 오래된 복어 요리 : 월산복어
○ 쌍림 딸기(12~4월), 성산 멜론(4~9월), 우곡 수박과 개진 감자(5~6월)

이야기를 듣다보니 문득 불광불급(不狂不及)이란 말이 생각났다. 미치지 않으면 미치지 못한다는 뜻이다.

"여행은 언제나 제 삶의 비타민이고 생각의 지평을 넓혀주는 취미활동이에요. 좋아하는 일이라 힘들어도 행복합니다."

누구나 좋아하는 일을 직업으로 갖고 싶지만, 생계와 취미는 별개인 경우가 대부분이다. 그런 면에서 윤 팀장이 부러웠다. 윤 팀장도 곧 은퇴를 맞는다. 인생 2막을 지역 살아보기로 해볼까 탐색 중이라고 한다. 나도 비슷한 한달살이를 고민하고 있다.

고분 속에서 깨어난 왕국의 시간들

'고분' 하면 초등학생 때 소풍이 생각난다. 하필이면 무덤으로 소풍을 갈까. 태릉과 동구릉으로 소풍을 갈 때면 불만이 가득했다. 지금은 조선 왕릉이 유네스코 세계유산에 등재됐고 넓은 잔디밭과 걷기 좋은 소나무 숲길도 있어 가끔 친구와 나들이를 간다. 집에서 도보 10분 거리에 있는 방이동고분에도 반려견과 자주 산책한다.

이 왕릉과 고분은 대부분 평지에 자리 잡고 있다. 경주 무덤도 야트막한 평지나 구릉에 있다. 고령에 와보니 대가야 지산동고분군은 주산(310m) 능선을 따라 200m 이상의 높은 곳에 있다. 크고 작은 706개

고분이 이렇게 높은 곳에 모여있는 이유가 뭔지 궁금했다.

대가야에 대해 알고 싶어 읍내에 있는 대가야박물관을 찾았다. 박물관에 들어서니 1층 전면을 덮은 정견모주 조각이 우리를 내려다보고 있다. 정견모주는 가야산신인데 하늘신인 이비가지 사이에 두 아들을 낳았다. 장남이 대가야의 시조인 이진아시왕이다. 대가야 사람은 산신의 후손이니 죽으면 하늘에 가까운 산으로 올라갔다. 백성이 조상을 우러러보게 했다. 해설사의 설명을 들으니 바로 이해가 됐다.

가야는 600여 년간 부족 연맹체로 살아왔다. 유사한 문화를 공유하면서도 통일된 국가를 이루지 않았다. 대가야는 서기 42년 이진아시왕이 나라를 세웠고 562년 도설지왕 때 멸망했다. 520년 동안 존속했다. 전기 가야연맹체는 금관가야가 이끌었지만, 후기에는 대가야가 맹주였다.

대가야왕릉전시관에서는 왕릉 모형 내부를 자세히 관찰할 수 있다. 순장자의 돌덧널이 가슴을 아리게 한다.

베일에 가려진 대가야의 역사와 문화는 1977년 44호 고분을 발굴하면서 세상에 알려졌다. 무덤 속에서 37명 이상으로 추정되는 국내 최다 순장 인골이 나왔기 때문이다. 토기, 갑옷, 무기, 장신구 등 부장품도 쏟아졌다. 학자들이 이때부터 가야사를 연구해 삼국시대가 아니고 사국시대라고 주장했다. 기록이 거의 없어 땅속 깊이 잠들어 있던 고대 왕국 가야가 깨어났다. 박물관 옆 대가야왕릉전시관에는 44호분 내부를 발굴 당시 모습 그대로 재현해 놓았다. 건물 천장이 고분처럼 둥글다. 이용호 문화해설사는 무덤 내부를 가리키며 설명했다.

"무덤 한가운데 왕 시신이 안치된 으뜸돌방, 남쪽과 서쪽에 딸림돌방,
그 주위를 부채 모양으로 32개 순장자 돌덧널이 에워싸고 있어요. 순
장자도 '원룸'을 준 거죠. 토기도 같이 묻어주고요."

순장자는 무사, 마부, 시종, 첩, 농부 등 다양하다. 1천5백 년이 지났는데도 어떻게 인골이 썩지 않고 상당 부분 남아있을까?

대가야왕릉전시관 해설을 맡아준 이용호 해설사(맨 오른쪽). 맨 왼쪽이 필자.

"등잔불로 무덤 내부 산소를 태워 진공으로 만들었어요. 무덤이 경사
면에 있고 목관도 기울어져 있으니 배수가 잘됐겠죠."

　대가야의 무덤 조성 기술이 상당 수준이었다고 한다. 28번 순장 돌
덧널 안에는 30대 초반 남자가 8살 딸을 안고 가지런히 누워 있다. 뒤
통수가 모두 깨져있다. 생매장도 아니고 독약을 마시게 한 것도 아니
다. 머리를 때려 즉사시켰다. 무덤이 완성되기 전까지 공포에 떨었을
순장자 가족의 모습을 상상하니 가슴이 벌렁거리고 먹먹했다.
　가야 고분에서 나온 금관은 둘이다. 하나는 고 이병철 삼성 회장이
도굴꾼에게서 구매해 리움미술관이 소장하고 있는 국보 138호이다.
다른 하나는 일제강점기에 일본인이 구매해 후손이 도쿄국립박물관
에 기증했다. 전 세계 금관이 10개인데 신라에서 6개, 가야에서 2개가

출토됐다. 32호분에서 나온 금으로 도금한 금동관은 국립중앙박물관에 전시돼 있다. 대가야박물관에 전시된 금동관은 복제품이다. 대가야박물관에는 구석기시대부터 근대에 이르는 고령 유물도 전시돼 있다. 청동기 시대 바위에 그린 장기리 암각화의 모형, 조선 시대 문인이었던 김종직의 유품이 눈길을 끌었다.

고분에서 열린 가야금 작은 음악회

대가야박물관과 대가야왕릉전시관을 구경하고 나와 주산으로 올라갔다. 계단을 오를 때 흙, 돌, 부장품을 나르던 대가야 백성의 처진 어깨가 아른거렸다. 어린 자식을 부둥켜안고 땅에 묻힐 날을 숨죽이며 기다리던 아비 눈물이 내 볼을 타고 흘렀다. 발걸음이 무거웠다.

쨍한 햇빛이 사그라들고 소나무 그림자가 길게 늘어졌다. 가야금 작은 음악회가 열리는 369호분 앞에 둘러앉았다. 연보라색 한복을 입은 정유정 연주자가 정악가야금, 산조가야금, 25현가야금과 함께 우리를 맞았다. 고분 곁을 지켜온 소나무 잎이 살살 흔들리고 땅에서 냉기가 올라왔다. 연주자 입술에 살짝 푸른 기운이 돌았다. 나는 점퍼 깃을 올리고 장갑을 꼈다. 아직 달빛이 내려앉지 않았지만, 그늘 밑은 추웠다.

정유정 연주자는 대구시립국악단 상임 단원이면서 고령우륵청소년가야금연주단을 지도하고 있다. 실내 국악 공연은 몇 번 보았지만,

대구시립국악단 상임 단원이면서 고령우륵청소년가야금연주단을 지도하고 있는 정유정 연주자의 연주를 직접 들을 수 있었다.

야외에서 연주자와 대화를 나누며 연주를 듣는 경험은 처음이라 가슴이 두근거렸다. 연주에 앞서 가야금 종류와 만드는 재료, 연주법을 소개했다.

"정악가야금은 오동나무 속을 파 울림통을 만들고 명주실을 꼬아 12현을 만들어요. 둥근 위판은 하늘, 평편한 밑판은 땅, 12현은 열두 달을 상징합니다."

'천년만세'의 두 번째 곡 '양청도드리'가 오동나무 통을 울리기 시작했다. 현을 뜯고 튕기면서 내는 정악가야금 소리가 고분 하나하나를 스치며 흘러내렸다. 1천5백 년 전 절대 권력 앞에 목숨을 내놓았던 순

지산동고분군 품에서 가야금 소리가 은은하게 울려 퍼졌다. 한 가락도 놓치지 않으려고 모두 귀를 쫑긋 세우고 들으며 녹음도 했다.

장 가족의 영혼이 고개를 들었다. 산조가야금 12줄이 '최옥삼류 가야금 산조'를 연주할 때는 시간이 거꾸로 흘렀다. 삶과 죽음의 경계선이 무너지면서 무덤 속 혼이 춤추기 시작했다. 모두 숨을 죽였다. 25현 가야금 위로 양손이 빠르게 오르내리니 어깨가 절로 들썩였다. '아리랑' 변주곡에 맞춰 대가야 혼과 우리가 어우러져 한바탕 잔치판을 벌렸다. 신바람이 나니 몸이 따뜻해졌다.

연주자의 오른손이 25개 현 전체를 지그시 눌렀다. 화려하고 경쾌한 가락이 멈추고 시간도 멈췄다. 앉아 있었지만 서서 춤춘 듯했다. 음악 소리는 작았지만, 은은하게 멀리 퍼져 나갔다. 마이크와 스피커를 거쳐 나오는 소리에 익숙한 귀가 정화되는 기분이었다. 산책길을 비추는 조명이 하나둘씩 켜지고 헤어질 시간이 됐다. 무거운 가야금

3대를 가지고 공연장까지 올라온 고령문화원 직원들께 감사를 표했다. 대가야인의 숨결이 잠든 고분에서 열린 가야금 작은 음악회. 위로하고 위로받은 시간이었다. 음악이 가지고 있는 치유 능력을 체험하고 나니 산에서 내려가는 발걸음이 한결 가벼워졌다.

현의 도시답게 '휴식의 몽상' 카페 3층에는 첼로, 바이올린, 기타가 놓여 있었다. 대학 때 기타를 배운 적이 있어, 덥석 무릎 위에 올려놓고 박인희의 모닥불이라도 연주해보려고 했지만 바로 포기했다. 코드도 가물거리고 손가락도 굳었기 때문이다. 퇴직 후 기타를 다시 배우려고 동네 기타교습소를 기웃거렸는데 어깨에 안 좋다고 주변에서 말렸다. 다시 기타를 배워볼까. 혼자 있는 시간이 늘어나면 곁에서 함께 노래하고 위로해줄 벗과 같은 악기가 있어야 외롭지 않을 것 같다. 기타를 꺼내 보니 줄이 하나 끊어져 있다. 일단 줄부터 갈아야겠다.

코로나 팬데믹을 겪으며 여행을 거의 하지 못했다. 시간은 자꾸 흘러가고 두 다리로 건강하게 여행할 시간은 줄어든다는 생각에 마음이 급해졌다. 버킷리스트를 꺼내 전원주택에 빨간 줄을 긋고 대신 한 달 살아보기를 써넣었다. 매일 산책할 수 있는 숲길이 가까이 있고 밥하기 싫을 때 찾는 단골 식당이 있으면 좋겠다. 1g까지 정확히 무게를 재 가격을 매기지 않고 덤도 주는 가게에서 익숙한 눈인사를 나누고 싶다. 자연의 시계에 맞춰 살면서 반려견 똘이가 목줄 없이 마당에서 뛰어노는 모습을 상상해본다.

윤석준

영화 프로듀서로 일하다 50대부터는 아내와 함께 브랜딩 디자인 회사를 운영하면서 어느덧 예순 고개를 넘고 있다. 계절로 치환하면 가을을 맞이한 셈인데 그래도 여전히 철없기는 봄날과 다를 바 없어서 몹시 유감스럽다. 나이가 드니 가보고 싶은 곳이 많아져서 귀찮아하는 몸을 달래가며 여기저기 지역살이를 실천 중이다. 다녀온 후기로 교류하는 것도 좋은 배움이라 믿고 있다.

가야금의 고장에서
'현(絃)의 노래'를 듣다

백수와 유목민

몇 년 전 코로나가 본격화되었을 무렵, 우리 부부는 1년간 제주살이를 결정했다. 이유는 간단했다. 코만 훌쩍거려도 긴장된 눈초리를 교환해야하는 분위기, 행여 기침이라도 하게 되면 대역 죄인이 된 것인양 고개를 수그려야하는 직원들을 보면서 이런 상황에서 사무실을 운영하는 것이 과연 무슨 의미가 있을까 하는 심각한 고민을 하지 않을 수 없었다. 결국 회사 업무를 당분간 접기로 하고 '딱 1년만 쉬자' 다짐하며 제주도로 향했다.

'위기는 곧 기회'라 했으니 돈벌이에는 위기였으나 건강을 챙길 기회인 것은 분명했다. 이때의 결정은 지금도 내 인생에서 가장 잘한 결정 중의 하나라고 생각하고 있다.

제주도에서는 일상이 아주 단조로웠다. 아침에 눈을 뜨면 창밖으로 한라산 봉우리 한 번 쓱 봐주고는 곶자왈을 따라, 둘레길을 따라, 수많은 오름을 따라 걷고 또 걸었다. 낯선 길과 낯선 이들도 공기가 달라지니 낯설지가 않았다. 저녁이면 부부가 음악을 틀어놓고 잠들었다. 제주에는 아는 지인들도 몇 분 계셨기에 종종 만나서 밥정이 들다 보니 그닥 심심함을 느낄 겨를도 없었다.

일년 뒤, 백수 생활을 청산하고 다시 생활 전선으로 돌아왔다. 예상했다시피 바람만 불어도 가슴 한구석이 허전했다. 어쩌면 이미 유목민이 되어버린건가 하는 생각이 들었다. 고령 살아보기 여행을 떠날 수 있었던 것도 이런 '전력'이 있었기 때문이다.

'고령이라….'

설핏 소설가 천명관의 〈고령화 가족〉이 떠오르긴 했다. 찾아보니 한자는 서로 달랐다. '고령(高靈)'은 글자 그대로 높은 경지의 영혼을 의미했다. 고령에 가보니 그 이름이 지어진 이유를 알 것도 같았다. 아마도 지산동 고분을 가리키는 지명이 아닐까 하는 생각이 들었다.

살아보기를 위해 고령에 머물렀던 시간이 그리 길지는 않지만 다시 떠올리면 고령은 단아하고 담백한 기분을 느끼게 한다. 인구는 3만 명 남짓이지만 넓이는 서울의 약 60% 정도의 크기이니 가는 곳마다 여유로워 도심의 번잡함을 내려놓기에 그만이다.

정체를 알 수 없는 한밤중의 현악기 소리

　고령을 방문한 시기는 10월 중순 경이었다. 이때쯤이면 설악산에서부터 시작하는 첫 단풍이 서서히 남하하여 절정을 향해 달려간다. 자연의 가을이 단풍잎으로 물든다면, 인간의 가을은 각종 축제로 물든다. 공통점이 있다면 알록달록하다는 점이다. 울긋불긋한 알림 현수막 아래로 울긋불긋하게 차려입은 사람들과 차량의 행렬이 줄줄이 사탕처럼 이어진다.

　언제부터 이렇게 축제가 넘쳤는가 싶은데, 그래도 사람들은 간다. 아이들 데리고 하루 나들이를 해야만 할 때가 반드시 있기 마련이고 동네 인근은 다 살펴 보았을테니 만만하게 찾는 장소가 축제 현장일 것이다. 아쉬운 점은 저마다 축제의 명분은 다를테지만 행사 내용은

고령도 가을이 되면 여러 축제들로 울긋불긋해진다. 사진은 고령 5일장의 모습.

비슷비슷해서 개성이 없다는 점이다.

여름 더위가 가시고 가을이 되면 고령에도 여느 지자체와 마찬가지로 여러 가지 행사가 개최된다. '대가야 문화예술제' 축제와 '세계 현 페스티벌' 공연이 대표적이다. 특히 '세계 현 페스티벌'은 2023년 5회째를 맞이했는데 각 나라의 대표적인 현악기를 주제로 연주되는 자리인지라 매우 특색있는 공연으로 인정받고 있다.

소심한 음악 애호가로서 나는 전국의 축제가 전부 음악 행사 축제가 되었으면 하는 바람을 갖고 있다. 특히 현 음악이라면 말 할 나위가 없다. 그 기억을 소환하려면 1985년 군대 시절로 거슬러가야 한다.

막 일병을 달았던 겨울이었다. 졸병도 몇 명 생기고 '짬밥'이 쌓이기 시작해서 내부반 생활은 그럭저럭 적응이 되었지만 야간 보초를 서는 시간만큼은 도무지 적응이 되지 않았다.

일찍 일어나고 늦게 잠드는 생활이 수 개월 지속된 가운데 한 밤중에 일어나 두 시간을 초소에서 보낸다는 것은 결국 졸음과의 전쟁이라고 해도 과언이 아니다. 행여나 졸다가 같이 보초를 나간 선임에게 발각되면 여지없이 다음날 구타 세레모니를 당해야 했다. 보초 근무만 나가면 매일 졸음과의 전쟁을 치르던 중 어느날부터인가 난데없는 소리를 들었다.

"딩딩딩"인지 "동동, 동동"인지 혹은 "라잉 라잉"인지 표현하기도 힘든 기묘한 소리가 들리기 시작한 것이다. 처음에는 긴가민가 했지만 유심히 들어볼수록 생활 소음은 아니었다. 겨울 밤 어둠 속에서 들리는 낯선 소리는 충분히 경계가 될만 했다. 나는 놀란 마음에 선임이었던 병장을 깨웠다. 선잠을 깬 병장은 한차례 푸드득거린 후 귀을 기울이는가 싶더니 욕지거리를 내뱉었다.

"무슨 악기소리잖아, 임마."
"네? 누가 이런 밤중에 악기를…."

소리를 계속 들어보니 악기 소리 같기도 한데 무슨 악기인지 알 수가 없었다. 기타 같기도 하고 어찌 들으면 국악기인 아쟁 소리 같기도 했다. 악기에 대해 문외한이기도 했지만 소리가 일정치 않고 작은 것도 원인이었다. 그날 이후 자정 무렵 보초 근무를 나갈 때면 간간이 그 악기 소리를 들을 수 있었다.

나만 그 소리를 들은게 아니어서 며칠이 지나자 후임병들 사이에서 그 악기의 정체를 두고 설왕설래가 있었지만 누구도 단언을 하지 못했다. 중요한 것은 내게 그 악기 소리가 어느덧 위안거리가 되었다는 점이다. 사실 그 소리는 연주라고 할 것도 없었다. 현악기 음을 맞추기 위해서 조율하는 소리라고 할까.

제 정신에 들었다면 소음이라고 넘길 수도 있었겠지만 집 떠나와 전선을 지키는 한 초병에게는 한밤중에 들리는 소리 자체가 각별한 의미였다. 소리 너머에는 분명 악기를 만지는 사람이 있을 것이며 그 사람이 나와 함께 이 시간을 같이 하고 있다는 사실이 중요했다. 보초를 나가면 항상 바람이 불었고 바람결에 악기 소리가 흔들거리며 들려왔다.

'라이~ 라이~'

그 소리는 여러 의미에서 나를 견디게 해 주었다. 지루한 보초 근무는 물론, 일병의 혹독한 겨울까지도. 끝내 악기의 정체도 연주자의 정체도 알 수 없었다. 3월이 되자 소리가 뚝 그쳤기 때문이다. 악기 배움을 그만둔 건지, 방학을 맞아 집에 잠시 내려왔던 학생이 다시 학교로 돌아간 것인지 알 수 없었다. 서양 악기인지 국악기인지는 몰라도 현악기인 것은 분명해보였다. 그 소리는 분명 줄을 타는 소리였으니까.

고령에서 열리는 '세계 현 페스티벌' 소식을 듣는 순간, 한동안 잊고 있었던 기억이 뽀얗게 올라왔다. 아쉽게도 2023년 행사에는 참석하지 못했지만 2024년 행사에는 꼭 가서 기억 속 그 악기 소리를 추적하는 나만의 즐거운 행사를 갖고 싶다. 오랫동안 내 기억 속에 들어있는 서투른 '라이 라이' 선율이 어떻게 변주되어 표현될지 자못 궁금하다.

트로트 가수 섭외의 유혹을 이겨내다

고령에서 이런 축제와 행사를 기획하고 실무적으로 뒷받침하는 곳이 바로 고령문화원이다. 대개 지자체가 벌이는 행사의 상당수는 지자체가 행사의 틀만 잡고 실무적인 일은 용역을 통해 집행하는 편인데 고령문화원 사무국은 다양한 프로그램들을 기획부터 실무 집행까지 직접 뛰어다니며 진행하고 있었다. 더욱 놀라웠던 것은 연중 끊임없이 이어지는 이런 프로그램의 기획과 진행을 겨우 5명의 사무국 직원이 도맡아서 해내고 있다는 점이었다. 고령문화원의 사무국 업무를 총괄하는 최윤영 사무국장을 만나 그 비결이라도 들어보고 싶었다.

"비결이 뭐 있겠어요? 그냥 열심히 하다 쓰러지는거…정도?"

맑으면서도 강단있는 인상을 주는 최윤영 사무국장은 밝은 미소로 대답했다. 최 사무국장은 고령문화원의 이사로 문화 사업에 관여하다가 2021년에 사무국장에 취임하여 본격적으로 고령 문화 사업의 일

최윤영 고령문화원 사무국장. 연중 끊임없이 이어지는 프로그램들을 발로 뛰며 만들어가고 있다.

선 지휘관을 맡고 있다.

대화를 나누는 중에도 쉴새 없이 전화가 걸려왔다. 지역 축제 사업과 20여 개에 달하는 문화 강좌를 운영하고 있고 특히나 10월에는 각종 전시 공연 사업이 집중되어 있으니 바쁘지 않다면 그것이 이상할 것이다.

언제부터인지 '문화'라는 키워드가 한국 사회의 화두가 되었다. 1970년대와 1980년대는 거칠고 날이 선 시대였고 사방에는 온통 싸울 것 천지였던 시대였다. 그런 시절, 문화는 사치에 가까운 용어였다. '문화'라는 단어가 묵직한 존재감을 과시하며 등장한 것은 김영삼 대통령 때부터. 1994년 김영삼 대통령이 "헐리우드 영화 〈쥬라기 공원〉 한 편이 벌어들인 수익이 현대자동차 150만 대를 수출해서 얻는 수익과 맞먹는다"는 발언을 하면서부터 '문화 콘텐츠'라는 용어가 하향식으로 퍼져나갔다.

고령문화원

고령문화원은 1974년에 개원하여 벌써 50년의 역사를 갖고 있는 고령의 문화 기관이다. 다양한 축제와 전시, 지역 문화 행사를 기획하거나 보조하고 '전국 우륵가야금 경연대회'같은 대회도 개최하며, 교육사업과 향토 사료를 토대로 도서 발간 사업도 하고 있다. 한마디로 고령의 문화 마당발이라 할 수 있다. 2023년 9월, 고령의 지산동 고분이 유네스코에 의해 '세계유산'으로 지정되면서 고령에는 한바탕 이를 기념하고 자축하는 행사가 벌어졌는데 이런 행사들 마다 고령 문화원 분들의 땀과 노고가 배어있다.

당시 김영삼 대통령은 국민들로부터 최고의 인기를 얻으며 지지율이 고공행진을 하고 있었기 때문에 각종 문화 콘텐츠 지원 사업과 문화 관련 기관들이 들어서기 시작한 것은 당연지사였다. 지금의 'K-컬처'가 세계적인 위상을 갖기까지 많은 계기들과 노력이 있었겠지만 그 한 쪽에는 '티라노사우르스'도 당당히 자기 지분을 갖고 있다고 나는 믿는다.

　　문화의 세례가 이런 과정을 거쳐 구축되어서인지 지자체 문화 사업에도 항상 목표치가 존재한다. 지자체의 위상도 높여야하고 참여 인구도 많아야 하는데 너무 튀면 안된다. 무난하면서도 돋보여야 하는 어려운 과제를 부여받은 것이다. 이런 문제는 고령문화원도 예외가 아닐진대 최윤영 사무국장은 어떤 생각을 갖고 있을까?

　　각종 문화사업의 아이템을 고민하고 운영을 하는 것도 힘들지만 관건은 여러 기관과 단체들 사이에서의 '조율'이라고 그녀는 답한다. 고령문화원 같은 경우 문화사업의 진행은 고령군청과의 협력과 연계를 전제로 이루어지지만　관광협의회 같은 민간 단체와도 손발을 맞춰야 한다. 각 기관마다 이해와 요구가 다르고 입장이란 것이 있기 때문에 때때로 충돌은 피할 수 없다. 이럴 때 행사 주체를 민간 단체로 이관하기도 하고 서로의 역할을 조정하기도 한다.

　　그녀에게 조율은 선택이 아니라 필수이며 그녀가 담보해야할 가장 큰 역할이기도 하다. 조금씩 양보를 받아내고 서로가 배려하는 모습으로 마무리되어야 다음번 행사도 큰 불협화음 없이 진행될 수 있

대가야 축제 중 소공연으로 진행된 가야금 공연 모습.

기 때문이다. 또 다른 조율이 필요한 지점은 바로 프로그램의 색깔이
다. 일시적인 화제보다는 꾸준함을 담보할 수 있는 기획이 중요하지
만 매번 쉽게 아이디어가 나오지는 않는다. 결국은 군민들의 참여도,
즉 객관적인 수치로 드러나는 참여자들의 숫자가 행사의 성공을 가
늠하는 중요한 지표가 되다보니 프로그램의 성과 예측이 잘 안될 때
면 유혹을 느끼게 된다.

"제일 쉬운 게 방송에 많이 나오는 트로트 가수 섭외하는 거예요. 트로트
가수 아무개가 온다고 하면 일단 사람들이 모이거든요. 그런데 그렇게 되면
우리 군의 색깔이 없어져요. 또 어디서 무슨 행사가 성공했다고 하면 따라
하고 싶은 생각도 들고요. 이런 유혹을 딛고 우리만의 개성과 우리만이 내
세울 수 있는 것에 집중하자는 것이 저의 모토예요."

문화 기획자로서의 자부심과 고충이 느껴졌다. 거리를 걷다보면 종종 보이는 행사와 전시 현수막과 공연 포스터의 알림들이 예사롭게 보이지 않는다. 이를 준비하기 위해 수개월을 고민하고 노력하는 사람들이 있음을 알기 때문이다.

200번의 수작업을 거쳐 비로소 소리를 내다

마른 양지에 햇살을 받으며 큼지막한 나무 널판들이 포개진 채 줄지어 서 있다. 설핏 보아도 수백 개는 넘어 보였다. 모두 오동나무 판이다. 우륵박물관 옆에 위치한 '우륵국악기연구원'에서 전통 가야금을 만들고 있는 김동환 명장을 만났다.

국악의 대표적인 현악기라고 하면 가야금과 거문고를 들 수 있다. 초등학교 시절 음악 시험에서 줄 갯수를 놓고 항상 고민하게 만들었던 바로 그 악기들이다.

고령은 가야금의 고향이다. 십여 년 전 소설가 김훈이 우륵을 소재로 한 역사소설 『현의 노래』를 출간했을 때 단숨에 구입해 읽고 깊은 여운 속에 감동을 새겼던 기억이 새롭다. 김훈 작가와 직접 만난 적은 없지만 따님과 함께 회사에서 일했던 인연이 있다.

싸이더스라는 영화사의 제작부에서 일하던 어느 날 마케팅 부서에 신입 여사원이 한 사람 들어왔다. 작은 체구에 말수도 별로 없던 얌전한 인상의 아가씨였다. 우연히 그녀의 자리를 지나치는데 무척 많은 소설책이 눈에 띄었고 특히 김훈의 소설이 많았다. 그 모습을 보고 "김훈 작가의 소설을 좋아하느냐"고 물었더니 얼굴이 빨개지며 아버지라고 해서 깜짝 놀랐다.

마케팅 일을 배우던 그 여사원은 나중에 독립해 영화사를 차려서 아버지의 소설 〈남한산성〉을 영화로 제작하더니 시간이 더 흘러서는 남한산성을 연출한 황동혁 감독과 함께 드라마 한 편을 만들게 된다. 이 작품이 세계를 강타한 〈오징어 게임〉이며 이를 제작한 그녀의 이름은 김지연이다. 지금은 길에서 마주치면 서로 얼굴이나 알아볼 수 있을런지.

개인적으로 소소한 에피소드를 갖고 있는 우륵과 가야금을 고령에서 이렇게 만난다. 인연의 실이라는 것이 생각보다 가늘고 길게 돌고 있지 않은가.

'우륵국악기연구원'에서는 매년 인근 지역에서 25~30년 정도 실하게 자란 오동나무를 구해서 널판의 형태로 가공한 후 이렇게 세월 속

가야금의 유래

가야금이란 단어 자체가 '가야'에서 만들어진 금(琴)에서 유래하였다. 삼국사기에는 "가야의 가실왕이 12개월의 율려를 본받아 12현금을 만들고 이에 성열현 사람인 우륵을 시켜 12곡을 짓게 하였다."라고 기록하고 있다. 가야금을 가실왕이 직접 만들었는지 아니면 우륵을 시켜 만들게 하였는지는 불분명하지만 우륵이 가야금을 위해 곡을 만들고 전파한 것은 기록에 나와있는 사실이다.

가야금 재료로 쓰일 오동나무를 건조하고 있는 모습. 5년 이상의 건조 과정을 통과한 나무 중 10% 정도만이 가야금의 몸통으로 사용된다.

에 던져두고 수분을 빼고 섬유질을 삭히는 건조 과정을 진행하고 있었다. 이런 과정을 5년 이상 거친 엄선된 나무판들이 가야금의 몸통으로 제작되는 데 그 과정을 통과하는 나무는 전체 가공 나무의 10% 미만이라고 한다. 우리 눈으로 볼 때는 참으로 가성비없는 시간처럼 보이지만 김동환 명장은 이 시간을 묵묵히 견뎌내왔다.

김동환 명장은 십대 시절에 가야금 연주를 배우다 21살에는 중요 무형문화재 42호이며 악기장인 고흥곤 선생의 문하로 들어가 본격적으로 가야금 제작을 배우기 시작했다. 그렇게 쌓아온 세월이 어느덧 36년, 당연히 가야금 제작에 있어서는 손가락에 꼽는 장인이 되었고 2015년에는 드디어 '명장'의 칭호를 받게 된다.

무릇 장인이란 말을 들으면 연상되는 이미지가 있다. 고집스러운 이마, 가늘고 깐깐한 눈매, 예민하고 섬세한 성격 등이 자아내는 고정관념말이다. 하지만 김동환 명장과 인사를 나누고 대화를 하게 되면

우륵박물관의 모습. 박물관 앞에 가야금을 연주하는 우륵의 동상이 설치되어 있다.

그런 선입감이 모두 사라진다. 수수한 생김새와 더불어 선하고 부드러운 눈매하며 전반적으로 순둥순둥해 보여서 이 지난한 시간을 어떻게 보냈을까 하는 생각이 절로 들게 된다.

　명품이라 불리는 모든 악기의 제작 과정이 간단하지 않을테지만 가야금 역시 그러하다. 5년을 거친 나무 중에서 통통 맑은 소리가 나는 나무들을 골라 인두질을 하고 몸통을 다듬으면서 시작하는데 그 뒤 줄을 꼬아 만들고 가야금의 줄을 받치는 받침목인 '안족'을 걸고 줄을 고정시키는 '돌괘' 작업 등을 거쳐 마감을 하기까지 가야금 하나를 만드는 데 약 200번의 수작업이 들어간다고 한다. 이렇게 만드는 기간은 한 달에서 두 달 사이. 예상은 했지만 실제 작업 과정의 고단함은 이를 뛰어 넘었다. 몸통과 더불어 제일 중요한 줄만 하더라도 완제품 줄을 몸통에 거는 것이 아니라 전주에서 전통 방식에 의해 생산된 명주실을 구입해서 직접 합사 과정을 한다. 합사 후에는 팽팽하게 명주 실을 당겨 꼬는 작업을 진행한다.

12개의 가야금 줄은 전부 굵기가 다른데 이 차이에 의해 음의 굴곡이 생기기 때문에 섬세한 작업이 필요하다. 소나무 얼레에 각기 굵기가 다른 줄을 팽팽하게 감은 후 물에 담그고 찌는 작업을 하며 마지막 건조를 통해 줄을 완성한다.

장인이 된다는 것은 이런 지난한 과정들을 정성스럽게 수행하는 과정에서 결과적으로 얻게 되는 이름이다. 그러고보니 김동환 명장이 왜 부드럽고 순한 성격처럼 보이는지 알 것도 같다. 그래야만 이런 어려움들을 넘길 수 있지 않을까 하는 생각이 든다.

가야금의 종류

가야금은 크게 3종류로 나뉜다. 전통 국악 연주에 사용되는 정악 가야금, 민속음악과 개인 연주등에 사용되는 산조 가야금, 그리고 1980년대 이후 7음계을 표현할 수 있도록 현대식으로 개조된 다현 가야금이다. 다현 가야금은 주로 18현 가야금, 25현 가야금이 연주에 사용된다. 다만 제작 방식에서 큰 차이는 없다. 뒷판에 있는 울림 구멍의 크기나 몸통의 크기에서 차이가 있어서 정악 가야금에 비해 산조 가야금은 좀 작은 편이다. 그로 인해 정악 가야금은 묵직하고 우아한 소리가 나며 산조 가야금은 가볍고 맑은 소리가 난다. 가야금에 따라 연주자의 주법도 달라진다.

하늘이 정해주는 가야금의 가격

눈을 들어 작업실을 둘러본다. 25평 남짓한 사무실 한쪽 벽면에는 수많은 가야금들이 세워져 있다. 비싼 가격대의 물건도 있고 보급형도 있으리라. 나는 가격대에 맞춰 가야금을 제작하는 줄 알았다. 학생들이 쓰는 1백만 원 정도대의 가야금, 전문 연주자가 사용하는 1천만 원 가격대의 가야금. 이렇게 선을 정해놓고 제작에 착수할 것이라 짐작한 것이다. 그런데 김동환 명장은 그게 아니란다.

"처음부터 가격대를 정하고 제작하지는 않아요. 처음 만들 때는 무조건 1천만 원 이상가는 작품을 제작해야지 다짐하며 만들죠. 그런데 제작 과정에서 변수가 너무 많이 생겨요. 작은 실수나 오차, 감정 상태, 하다못해 날씨와 온도 같은 요소들까지도. 그런 작은 변수들이 완성품이 되면 큰 차이를 만들죠. 그렇게 되면 가격이 1천만 원에서 5백만 원, 3백만 원으로 뚝뚝 떨어지는 거예요. 가격은 제가 정하는 게 아니라 하늘이 정해요."

가야금의 가격에 날씨까지 영향을 미칠 줄은 몰랐다. 김동환 명장은 가야금의 종류와 제작 방식에 대해서도 기초적인 지식을 나누어 주었다.

김동환 명장은 전라도에서 태어나 서울에서 가야금 제작을 사사받았으며 약 20년 전인 2005년 고령에 내려왔다. 고령군에서 국악기연

김동환 명장이 가야금을 만드는 과정에 대해서 설명하고 있다. 가야금 한 대를 만들기 위해서는 200번이 넘는 수작업이 들어간다.

구원을 설립할테니 가야금 제작자로 와서 연구원도 운영하고 후진 양성도 했으면 좋겠다는 권유가 있었기 때문이다. 그때가 인생의 슬럼프이기도 해서 새로운 전환점이라 생각하고 훌쩍 서울을 떠나 고령 땅을 밟았다.

하지만 고령에 온 후 군청을 수시로 들락거리면서 팔자에 없던 행정 업무의 소란스러움을 겪어야 했다. 또 담당 공무원들이 교체되면서 처음에 약속받았던 지원과 협조가 원활하게 이루어지지 않아 어려움이 가중되었다. 지금은 시간이 흘러 체계가 잡히고 하는 일도 안정이 되었지만 돌아보면 막막한 순간들이 많았을 것이다. 때로는 부드럽게 흘리기도 하고 때로는 바위처럼 버티기도 하면서 현재를 만들었을 거라고 짐작한다.

우륵국악기연구원에서는 일반인을 대상으로 가야금을 직접 만들어볼 수 있는 강좌도 운영하고 있다.

김동환 명장에게 고령의 장점을 한 가지 알려달라고 했더니 조금의 망설임도 없이 '땅 자체의 기운'이라고 답한다. 특별한 자연 재해 없이 언제나 온화하고 따스한 고령 특유의 기후와 풍수적인 혜택이 가장 큰 장점이라는 것이다. 이는 선조들의 기록에서도 찾아볼 수 있다. 이중환의 〈택리지〉에서도 고령을 다른 지역에 비해 10배의 수확을 거두는 비옥한 곳이라 소개하고 있다.

지역살이를 고려할 때 땅의 기운보다 중요하게 고려해야 할 것이 있다. 바로 스스로에 대해 아는 것이다. 나만의 재미를 찾지 못하거나 같이 있을 때 즐거운 사람들을 찾지 못한다면 그 안정성이라는 것도 얼마 지나지 않아 지루함으로 변질되기 십상이다. 짧은 시간 동안 관광 명소를 둘러보는 여행이 아니라 일정 기간 지역살이를 고려할 때는 이런 점에 대해 자신에게 물어봐야 한다. 무엇이 나를 이곳으로 이

끌리게 하는가, 나는 무엇과 함께 지산동 고분을 산책할 것인가 하는 질문을 던지면서 말이다.

김동환 명장과 대화를 마치고 돌아오는 길에는 가야금 소리가 몹시도 듣고 싶어졌다. 몸과 마음이 가야금에 충분히 젖어 있으니 당연한 반응이다. 스마트폰을 자동차의 블루투스 스피커와 연결해 황병기 선생의 가야금 산조를 듣는다. 아, 아쉽다. 블루투스로 연결된 차 안 스피커의 음질이 도무지 성에 차질 않는다. 저음이 살아 있어야 하고 손가락 끝에서 줄이 튕겨질 때 나는 미세한 쇳소리가 공간에 스며들어야 하는데 난망한 일이다.

고령은 나름 가야금에 대해 진심인 것 같다. 가야금 강좌도 여럿 있고 '전국 우륵 가야금 경연대회'도 개최하며 무엇보다도 초등학생들은 학교 특별활동으로 가야금을 배우고 있다. 그런데 이런 가야금의 고장에서 외지인들이 가야금 소리를 마음껏 들을 수 있는 공간이 없다는 것은 말이 안된다고 생각한다.

고령이 가야금의 고향임을 자처한다면 시내에 최소한 한 두 군데 정도는 가야금 청음실을 마련했으면 좋겠다. 듬직한 '궤짝' 스피커가 자리잡고 있고, 수백 장의 가야금 음반이 빼곡이 들어차 있으며, 청음실을 찾은 사람들에게 차 한잔씩 나누어주며 생생한 가야금 가락을 들려주는 그런 곳 말이다. 애틋한 마음으로 고령군청의 결단을 촉구해 본다.

지역에서 살아가는
새로운 방식

권태훈

대기업에서 명퇴하면서 마음의 상처를 지닌 백수가 되었다. 관심 있던 사진 공부 중 사회공헌을 하는 사진작가에게 감명받고 직업학교에서 1년간 전문적인 사진수업을 받았다. 좀 더 많은 사회 공헌 기회를 얻기 위해 함께 활동하는 사진작가들과 '따뜻한사진가협동조합'을 결성했다. '좋은 일'을 하는 게 아니라 '좋아하는 일'을 하는 사람이 되고자 노력하고 있다.

잊고 있었던 고향마을을
다시 만나는 느낌

LP음반, 그리고 자발적 은퇴

음악을 즐겨 듣기 시작한 것은 초등학교 때부터다. 맨 처음 좋아했던 가수는 비지스라는 호주 출신 3인조 밴드로 1970년대 후반 디스코 시대를 연 대표적인 가수다. 중고등학교 때는 자기가 좋아하는 노래를 카세트테이프에 녹음해 맘이 맞는 친구에게 주는 것이 새로운 친구를 사귀기 위한 '통과의례' 같은 것이었다. 요즘 감성으로 보면 '오늘부터 1일'의 느낌이라고 할까. 지금은 멀어졌지만 중학교 1학년 때부터 오랜 단짝이었던 친구와 친해진 계기도 같은 가수의 팝송을 좋아했던 공감대 때문이었다.

호기심이 별로 없는 싱거운 사람이란 말을 많이 듣지만 낯선 사람에게 말을 걸고 싶을 정도로 궁금해지는 경우가 있다. 포장된 LP를 들고 가는 사람을 볼 때면 특히 그랬다. 과연 저 사람은 어떤 음악을 들을까. 궁금증이 폭발하곤 했다. 내가 상상하던 은퇴생활 속에도 LP가 들어 있었다. 지지직거리는 잡음과 함께 여유 있게 음악을 들으며 하루를 보내는 내 모습이 은퇴라고 생각했다.

2014년 비자발적인 명예퇴직을 했다. 이어진 두 번의 재취업이 짧게 끝난 후 이사하면서 버렸던 LP를 다시 사 모으기 시작했다. 이 시점부터가 진정한 자발적 은퇴였던 것같다.

LP음악을 듣는 것이 과거를 추억하는 일이라면 사진을 찍는 것은 은퇴생활의 새로운 시작이다. 처음 사진을 배울 때 장애인 가족사진을 찍는 사진작가 선생님을 만난 것이 큰 행운이었다. 어떻게 찍느냐보다 뭘 찍느냐가 중요하다는 것을 배웠다. 그와 함께 할 수 있는 사진작가가 되기 위해 1년간 직업학교에서 사진과 컴퓨터그래픽을 배웠으며 지금까지도 열심히 배우고 있다.

2019년부터 2022년까지 사회공헌 프로젝트의 담당 사진작가로 취업준비생을 위한 증명사진을 찍었고, 2023년에는 매월 장애인 가족사진과 장애인 프로필 사진을 찍는 프로젝트에 참여하고 있다.

프리랜서 겸 사회공헌 사진작가 생활을 하다보면 막 퇴직을 한 분들을 만날 기회가 있다. 공직자, 교육자, 대기업 임원으로 정년퇴직을 한 분들이 많은데 대부분 안정적인 연금 생활자들이다.

"참 좋은 일을 하시는군요. 그런데 수입은 얼마나 되세요?"

사회공헌활동 프로그램에 참여해 취업준비생 증명사진을 촬영 중인 필자의 모습.

쥐꼬리만큼 돈을 벌고 있는 상황에 대한 자기 합리화라고 할 수 있 겠지만 지금의 활동을 수입과 연계해서 평가받고 싶진 않다. 일정 수 준의 수입이 있어야 제대로 생활하는 거라고 생각한다면 우울해지는 사람이 많지 않을까?

"좋은 일을 하고 있는 것이 아니라 좋아하는 일을 하고 있습니다. 수입 은 좋아하는 일을 하는 과정에서 자연스레 발생하고, 조금씩 커져서 사 진 활동을 마칠 때쯤 최고치를 찍을 겁니다."

많은 돈을 받고 사진을 찍을 기회가 있다면 마다하지 않을 것이다. 함께 활동하는 사진작가 중에는 사회공헌활동에는 참여하지만 돈을 받는 일은 하지 않는 분도 있다. 나는 오히려 비싼 사진작가가 되어서 내가 하는 사회공헌활동이 그만큼 경제적 가치가 있는 일이라는 것을 증명하고 싶다.

나에게 주어진 시간이 얼마나 될까? 100세 시대라고 말하지만 이런 생각에 빠지면 스스로를 괴롭히게 될까 두렵다. 아직 오지 않은 80대, 90대의 돈 걱정, 건강 걱정을 미리 하지 않으려고 노력하고 있다.

낡은 집을 변신시키는 마술
'수리수리 집수리'

운전을 해서 지방에 갈 때 좁은 농로의 막다른 길을 만나 혼난 적이 몇 번 있다. 촌애작업실의 손현승 대표를 만나러 가는 길, 갑작스럽게 농로로 진입하게 되자 그때 생각이 나서 잠깐 긴장했다. 약속시간보다 20분 일찍 도착했기 때문에 약속장소에는 아무도 없었지만 여기저기 공사 자재들이 놓여 있는 모습을 보고 제대로 찾아왔음을 직감할 수 있었다.

지붕 있는 대문 아래 집수리에 필요한 자재와 임시로 떼어낸 문짝 등이 비를 피하고 있었다. 대문으로 출입할 수 없는 상태였지만 담이 없어서 차량이 마당으로 바로 들어갈 수 있었다. 마당에서 보이는 본채 건물은 반층 정도 높이의 계단을 올라가서 현관으로 들어갈 수 있도록 된 정사각형 구조의 건물이었다. 창문이 작아 조금 어색하고 균

수리 전의 대문 모습(왼쪽)과 수리 후 노란색으로 칠한 대문 모습(오른쪽).

형감이 떨어져보였지만 초등학교 다닐 때 살던 서울의 집과 비슷한, 매우 익숙한 구조였다.

어릴 때 살았던 서울 집은 아랫 부분이 반지하 형태로 되어 있어 세입자가 살 수 있는 구조였지만 이 집은 그 공간을 지하창고가 차지하고 있었다. 한적한 농촌에서 반지하 공간까지 사람이 살 이유는 없었을 것이다. 대문 옆에 화장실이 있는 것은 비슷했다. 외벽은 구운 붉은 벽돌을 쌓아서 만들었는데 세월의 흔적을 느낄 수 없을만큼 관리가 잘 되어 있었다. 30여년 전 재건축을 통해 네모 반듯 멋없는 빌라로 바뀌기 전의 서울 집을 떠올리며 잠시 어린 시절로 돌아간 기분이 들었다.

들어가 보지 않았지만 집안 구조가 머릿속에 그려졌다. 샹들리에를 흉내 낸 전등이 거실 천장에 매달려 있고, 안쪽은 나무, 바깥쪽은 샷

시로 된 이중창틀 구조를 갖고 있을 것이다. 또 거실 벽은 짙은 갈색의 나무로 장식되어 있고, 거실 바닥엔 바둑판 모양의 작은 쪽마루가 깔려 있을 것이다. 그런 상상을 하고 있을 즈음, 작고 예쁜 자동차가 한 대가 마당으로 들어왔고, 차 안에서 젊은 부부가 내렸다.

만나기로 약속을 하고 여러 차례 카톡으로 연락을 주고 받았지만 내가 만날 손현승이라는 사람이 당연히 남자일 것이라고 생각했다. 차에서 내린 부부 중 유독 아내가 앞장서서 인사를 하는 모습을 보며 남편이 좀 과묵한 성격이라서 그런가보다고 생각했다. 하지만 본격적인 이야기를 나누면서 내가 착각을 하고 있었다는 사실을 깨달았다. 물론 내색을 하진 않았다.

'아내'인 손현승 대표는 고령에서 '수리수리 집수리' 프로젝트를 진행하고 있다. 농촌의 낡고 방치되어 있는 주택을 이용해 수익화 할 수 있는 방법을 찾고 있었다. 솔깃했다. 나중에 후회할 수도 있겠지만, 나도 시골집에서 일년살이를 하고 싶은 꿈을 갖고 있다. 마음은 있지만 적합한 집을 찾기가 쉽지 않았다.

내가 아는 절친 한 사람도 지방 일년살이를 모색하며 제주, 강릉 등으로 답사를 다녀왔는데 적절한 거주 공간을 찾지 못해 아직 실행에 옮기지 못하고 있다. 손 대표의 구상이 순조롭게 진행된다면 나에게도 기회가 오지 않을까.

손 대표를 만난 곳은 마침 수리를 진행하고 있는 집이었는데 지어진지 45년이나 된 집이라고 한다. 옛날에 쓰던 110볼트 콘센트가 여

손현승 대표가 고치고 있는 집의 나락창고. 지금은 작업용 공간으로 사용하고 있다.

전히 남아 있었는데 좋아 보여서 없애지 않고 보존하기로 했다. 처음 수리를 시작할 때는 집 전체를 작업장이나 공방으로 사용하려고 했지만 수리를 진행하면서 생각이 바뀌었다고 한다.

"집 내부를 수리하면 할수록 살아보고 싶다는 생각이 들었어요."

남편과 함께 나락창고였던 곳을 직접 수리해 공방으로 만들고 있는 중이었다. 환기 용도로 사용되던 작은 창을 떼어내고 그 자리에 볕이 잘 들도록 큰 창을 넣을 예정이라고 했다. 공사 중인 창틀 너머로 황금색 벼가 바람에 물결처럼 흔들리고 있었고 멀리 농부를 태운 농기계가 유유히 벼 사이를 왕복하고 있었다.

"전문 업자에게 맡기면 쉽겠지만 비용이 올라가서 지방에 거주하는 장점이 사라지게 됩니다. 사용하기 적당한 수준으로 수리해서 사용하는 것을 목적으로 하고 있어요."

손 대표는 '수리수리 집수리' 프로젝트의 방향성을 이렇게 설명했다. 빈집 중에서 관리가 잘되어 있는 집들도 있는데 그런 집들은 주인이 임대할 생각이 없는 집이라고 한다. 관리를 하고 있다는 것은 자신들이 들어와 살 생각이 있다는 것이다. 반면 오랫동안 관리를 안 한 집은 사용할 수 없을 정도로 상태가 좋지 않기 때문에 무료로 빌린다고 해도 수리비가 너무 많이 들어서 오히려 손해다. 여기에 외지인에게는 넘을 수 없는 장벽이 또 하나 있다.

"외지인에게 집을 빌려주지 않으려고 해요. 남편이 이곳 토박이인데도 이 집을 빌리는데 어려움이 있었어요. 서로 잘 알고 있는 사이지만 쉽지 않아요. 제가 공인중개사 자격증도 있어서 주인에게 상세히 설명하고 설득했어요."

유튜브나 블로그를 보면 시골집을 사거나 빌린 외지인들이 원주민들의 등쌀에 못 견뎌 손해를 감수하면서 떠나거나, 반대로 임차인의 불법적인 행태에 시골 집주인들이 피해를 입은 사례들이 종종 등장한다. 집주인 입장에서는 돈도 되지 않는데 굳이 다른 사람에게 집을 사용하도록 허락한다는 게 쉽지 않을 것이다. 손 대표는 무료로 사용하되, 집을 청소하고 관리하는 조건으로 이 집을 5년간 사용하기로 계약했다고 한다.

"처음 청소를 시작할 때에는 막막했어요. 45년 간 주인어른의 생활이 담긴 물건들이 집에 한가득 있었습니다. 아마도 자녀들이라면 과감히 정리를 못 했을 겁니다. 모든 물건에 추억이 담겨 있을 것이니까요."

아, 그래서 주인 떠난 집들이 짐을 치우지도 못하고 관리도 어려워지는구나. 아파트 방 한 칸을 가득 채우고 있는 시집간 큰딸의 물건들이 떠올랐다. 창고처럼 변해가고 있는 그 방에는 큰딸이 쓰던 침대와 책상, 책장이 그대로 있다. 그 옆방에 있는 피아노는 작은딸이 초등학교 이후 사용해 본 적이 없다. 작은딸은 이번 여름에 대학원을 졸업하고 막 직장생활을 시작했다. 이제 더 이상 사용할 일이 없을 것이 너무도 분명한데 정리하지 못하고 있다. 자기 삶의 기억을 자기 손으로 없애버리는 건 분명 어려운 일이다.

집 주인 입장에서는 돈 들이지 않고 집을 고치고, 손 대표 입장에서는 시간과 비용을 들여 집을 정비한 후 그 공간을 활용해 부가가치를 올리는 것이다. 과연 이렇게 해서 돈이 될까 싶어 걱정이 되는데 부부는 두 자녀가 마음껏 뛰어놀 수 있는 집을 구할 수 있어서 신나는 표정이었다.

시행착오도 있었다. 이보다 앞서 두 번의 집수리를 경험했는데 처음에 생각하지 못했던 비용이 계속 발생하는 바람에 골치를 썩였다고 한다. 집이 오래되다보니 수도 배관이 다 막혀 외부에서 물을 길어다 써야 했는데 수도를 다시 설치하려다보니 비용이 너무 많이 들어 포기한 것이다. 또 숲이 좋아서 숲 가까이에 있는 집을 찾았지만 아이들에게 나무 알레르기가 있다는 것을 뒤늦게 알게 되어 살 수 없었던 경우도 있었다.

지금 고치고 있는 집의 수리비용은 얼마 정도 예상하고 있는지 궁금했다. 이번에도 집수리 중에 수도시설을 재공사해야 해서 생각하지 못한 돈이 들고 있다고 아쉬워하는 모습이었지만 대화 중간중간에 듣게 된 액수는 도시에서 집을 관리하는 나에게는 크리 큰 금액처럼 느껴지지 않는 게 사실이었다.

함께 갔던 일행들과 입을 모아서 "직접 수리를 하더라도 자신의 인건비는 꼭 고려하라"고 조언을 해주었다. 그래야 지속 가능한 사업모델이 되고 다른 사람들에게 편하게 한달살이, 일년살이 거주지를 제공할 수 있지 않을까.

패스파인더 김만희 대표가 말했던 집짓기 과정이 생각났다. 작은집 짓기를 배우는 학교가 있는데 매 기수마다 수업과정에서 실제로 집을 한 채 건축하게 된다는 것이다.

'수리수리 집수리 협동조합'이나 '수리수리 집수리 학교'가 만들어져서 함께 집을 수리하고 활용할 수 있었으면 좋겠다는 생각이 들었다. 지방살이를 추진하고 있는 사람들이 집 수리를 배우고 직접 참여하면 자신감도 덤으로 얻을 수 있을 것 같다. 혹시 자기가 살고자하는 집을 수리하면서 배울 수 있다면 금상첨화가 아닐까.

로맨스 만화 같았던 비현실적인 사랑

손 대표는 서울에서 일러스트레이터로 일하다가 지인의 요청으로 잠시 대구에 내려와서 일하던 중 우연한 기회에 남편을 만나게 됐다.

"돌쇠 같은 덩치에 벙벙한 패딩 점퍼를 입은 청년이 다가와서 명함을 내밀었습니다. 큰 글씨에 계좌번호까지 새겨져 있는 명함을 보고 사채 업자인 줄 알았지요."

여중생 로맨스 만화 수준의 비현실적인 만남이었지만 서로 끌리는 게 있었으니 인연이 되었을 것이다. 속으로 배시시 웃음이 나긴 했지만 예쁜 첫 만남이란 생각이 들었다. 손 대표의 말 속에 남편 사랑, 남편 자랑이 들어있다는 내 생각이 틀리지는 않을 것이다.

"이런 명함을 들고 다닐 정도로 농사를 크게 짓는데, 농사를 지어야 하니 내년 3월 이전에 결혼했으면 합니다."

처음 만난 사람에게 이런 말로 청혼을 하는 사람이 또 있을까? 처음 만난 사람에게 이런 말을 들으면 어떤 생각이 들까?

"처음 보는 사람한테 이런 얘기를 해서, 살짝 미친 사람인가 생각하고 웃었거든요."

남편은 아내의 웃는 모습이 그저 좋았다. 웃어주고 대답해주는 모습에 첫눈에 반했다. 남편은 그 뒤로 계속 손 대표를 찾아왔고 첫 데이트를 한 날부터 40일째 결혼식을 올렸다. 이런저런 소문이 부부를 따라다녔다. 급하게 결혼식을 올리다보니 여자가 임신해서 서둘렀다고 소문이 돌았고, 독감으로 병원에 가니 같은 마을에 사는 간호사가 주사 놓기를 거부하는 일도 있었다. 임신한 몸이니 주사를 놓아줄 수 없다는 이유였다. 잘못된 소문 때문에 서운했지만 곧 똑똑한 아내를 얻었다는 이야기가 마을에 퍼지게 되었다고 한다.

"남편이 농사는 자기가 잘할 수 있는데 나에게 운영체계를 잡아달라고 하더군요. 벼 육묘장을 운영하면서 관행처럼 해오던 막걸리 접대 대신 생수를 얼려드리고 거래명세서를 정확하게 관리해드렸어요."

잘 관리된 거래명세서 덕분에 고객들이 농사지원 혜택을 온전히 받을 수 있었고 막걸리 대접이 없어서 서운하다고 뒷말을 한 적이 많은

밝게 포즈를 취해주는 손현승 대표 부부. 사진 오른쪽 아내가 손 대표다.

사람일수록 더 칭찬을 하더란다. 남편은 농사를 사랑하는 만큼 농사를 더 잘 짓기 위하여 필요한 동지를 찾았고 천상의 배필을 찾는 데 성공했던 것이다.

손 대표는 농사경험과 분석이 쌓일수록 현재 우리 농촌의 벼농사의 수익구조가 개선될 수 없음을 알고 벼농사가 아닌 새로운 작물농사를 모색하고 있다. 미래에 대한 걱정보다는 더 나은 미래를 만들 수 있다는 자신감을 엿볼 수 있었다. 비전과 실천력을 겸비한 사람의 이야기를 듣고 있으면 시간 가는 줄 모르게 된다. 늦은 오후가 되면서 창밖으로 보이는 논으로 낮아지는 햇살이 더욱 반짝이고 있었다. 윤슬처럼 빛나는 벼를 보면서 오랫동안 머물고 싶다는 생각이 들었고 다시 한 번 찾아와 더 정리된 집과 그동안의 이야기를 듣고 싶어졌다.

내가 원하는 사진을 찍을 수 있을까?

고령을 찾게 된 계기 중 하나는 고령군 소개자료 표지를 장식하고 있던 대가야 고분군의 사진이었다. 미디어를 통해 본 적이 있지만 직접 올라가보고 사진을 찍고 싶다는 생각이 들었다. 2023년에 참여 중인 사진 전시회 주제가 인간성Humanism이었고 누구도 피할 수 없는 '죽음'이야말로 가장 인간적인 것이라는 생각이 들었다. 고분군에 올라가면 내가 원하는 사진을 찍을 수 있겠다는 기대도 있었다.

고령군은 지방소멸 위기를 맞고 있고 지역의 경쟁력 강화를 위해 다양한 노력을 하고 있다. 그 중 대표적인 것이 다른 지방자치단체와 차별할 수 있는 대가야고분군을 활용하는 것이었고 2015년도에는 지역 명칭도 '대가야읍'으로 변경했다.

차를 타고 대가야읍 근처에 도착하면 멀리서도 언덕위에 있는 대가야고분군을 볼 수가 있다. 마치 놀이동산에 도착할 때처럼 흥겨운 마음이 들었다. 보고 싶던 마음이 커서 그런지 기대했던 것보다 더 아름답게 느껴졌다. 자꾸 눈이 가는 대가야고분군을 뒤로하고 방문한 첫 마을이 개실마을이었다. 오랜만에 시골마을 방문하게 되니 고향마을의 모습이 떠올랐다.

내가 태어난 곳은 충북 진천군의 느랭이라는 마을이다. 정식 명칭은 따로 있지만 고향에서 이야기할 땐 느랭이 사람이라고 말해야 한다. 고향에 관련해서는 흑백영화의 한 조각처럼 떠오르는 어린시절

고령은 대가야고분군의 유네스코 세계유산으로 등록되면서 새로운 기회를 맞고 있다.

의 기억이 있다.

마을입구에는 신작로(新作路)라고 불리는 16번 국도가 있었으나 진흙길을 자갈로 덮은 상태여서 달리는 버스에서는 버스 유리창의 덜덜거리는 소리와 온 몸으로 전해지는 진동을 견뎌야 했고 버스 뒤로는 여우꼬리처럼 긴 흙먼지가 따라다녔다.

한번은 마을에서 비교적 크게 농사를 짓던 큰아버님과 마을 유일의 대학 졸업생인 옆집 아저씨가 경찰에게 끌려갔었다. 경찰이 이유를 설명했겠지만 이해가 되지 않던 집안 어른들이 울고불고 초상집 분위기였다. 몇 달 뒤 두 어른은 새마을운동 모자를 쓰고 지도자 완장을 차고 마을에 돌아왔고 그 후 마을에는 아침마다 기상음악이 울려퍼졌고 초가지붕이 사라졌으며 길가에는 코스모스 화단이 조성되었다. 이 시절의 고향마을은 아침 일찍 큰 소리의 행진곡이 마을주민을 깨우고 예비군 훈련에 아줌마들까지 동원되던 모습이어서 마치 요즘 드라마 속의 북한마을과 비슷했었다.

사진을 배우면서 많이 듣는 말이 있다. 사람들은 익숙하지 않은 모습에 아름다움을 느끼기 때문에 평소 생활할 때와는 다른 눈높이로 사진을 찍어봐야 한다는 것이다. 내 머릿속의 시골마을은 새마을운동을 통해 도시와 다를 것 없는 모양의 집들이 소규모로 모여 있는 곳이었다.

개실마을의 첫 인상은 마치 조선시대의 부자동네 같았고 다른 마을에서는 보지 못한 '아름다운' 모습의 마을이었다. 기와지붕의 한옥들과 마을을 둘러싸고 있는 검푸른 대나무숲을 보니 당장이라도 칼과 활로 무장한 젊은이 무리가 달려 나와 우리를 맞이할 것 같은 분위기였다. 하지만 버스에서 내린 우리 일행을 맞이한 것은 노인용 전동 스쿠터에 앉은 할머니들이었다. 서너명 씩 배정된 숙소는 창녕댁, 덕동댁, 맥산댁 등 정겨운 이름이었고 아마도 할머니들의 친정동네 이름인 듯 했다.

할머니를 태운 전동 스쿠터는 유유히 돌담 사이를 지나서 각각의 기와집으로 흩어졌고 우리들은 삼삼오오 숙소를 찾아 따라갔다. 나는 다른 두 명의 일행과 함께 창녕댁에 짐을 풀었다. 당연하게도 주인 할머니 혼자 사시는 곳이었고 우리의 방은 본채와 떨어진 별채 건물이었다. 고급 숙박시설처럼 편한 시설은 아니지만 저녁일정을 마

수십 채의 기와집이 담을 사이에 두고 이어져 있으며 사이사이에 돌담길이 있는 아름다운 개실마을의 풍경.

치고 숙소로 돌아왔을 때 3명을 위한 요와 이불이 가지런히 준비되어 있었고 아침에 밖에 나오니 비를 피해 마루위에 올려놓은 신발을 볼 수 있었다. 새벽 빗소리에 우리 신발이 젖을까 이불 밖으로 거동하신 주인할머니를 생각하니 이것저것 말없이 챙겨주시던 외할머니가 떠올라 가슴이 따뜻해졌다.

　개실마을에는 수십 채의 기와집이 담을 사이에 두고 이어져 있으며 사이사이에 돌담길이 있고 아름답고 낮은 돌담너머로 집 마당을 쉽게 볼 수 있다. 마을 전경 중 제일 맘에 든 것은 마을 뒤를 병풍처럼 두르고 있는 대나무 숲이었다. 시골에 살게 된다면 집 뒷마당에 대나무를 심고 싶다는 생각을 하고 있기 때문이다. 마을 앞쪽에도 산이 가까이 있기 때문에 눈에 보이는 모든 것이 푸른 느낌이었다.

한적한 개실마을을 돌아다니다보니 어릴 적 자랐던 시골 마을 생각이 났다.

　개실마을은 고령군의 대표적인 체험마을이다. 코로나 팬데믹 이전
에는 전통예절교육, 전통음식체험, 농사체험 등 다양한 체험프로그
램으로 연간 8만 명 이상이 방문했다고 한다. 전통음식체험 프로그
램의 하나인 엿 만들기 체험을 직접 해보았다. 2인 1조가 되어 따뜻
한 조청 엿 덩어리를 맞잡아 당기기를 수십 번 하니 짙은 갈색의 덩
어리가 흰색 엿가락으로 변했다. 단맛을 좋아하진 않지만 개실마을
엿의 단맛은 거부감이 들지 않았다. 가늘고 흰 엿가락을 조그만 나무
몽둥이로 살짝 치니 마치 칼로 자른 듯 깔끔하게 잘렸다. 준비된 봉
투에 가지런히 담아서 집사람에게 자랑할 요량이었으나 집에 도착해
꺼내보니 엿가락이 하나의 덩어리로 다시 뭉쳐져 있었다. 스마트폰
으로 보낸 사진 속의 가지런한 가락엿을 기대하던 집사람이 어리둥

절한 표정이 되었고 엿이 포함된 우스갯소리를 했는데 이를 글로 옮기기는 곤란하다.

대도시에서 바쁜 일상을 살아가는 사람이면 누구나 한번쯤 상상하는 공간이 나만의 작은 카페다. 카페가 아름다운 시골마을에 있다면 금상첨화이다. 개실마을에는 랑 스튜디오라는 카페가 있다. 도예가의 작업공간을 카페로 만들었기 때문에 카페 여기저기에 멋진 도자기들이 장식되어 있다. 카페 건물은 기와지붕을 올린 현대식 건물이지만 옆에는 잔디가 깔린 마당과 한옥건물이 두 채 자리 잡고 있다. 마당을 끼고 ㄱ자 모양으로 지어진 두 채의 건물 중 카페를 마주한 건물에는 길고 좁은 마루가 있었다. 작은 방 안에서 친구들과 수다를 떠는 것도 좋겠고 마루에 나란히 앉아 하늘을 보며 커피 한잔하면 추억이 몽글몽글 솟아날 듯하다. 여름방학 때마다 고향 친척집에 가서 들로 산으로 뛰어다니던 초등학교 시절에 비 오는 날이면 마루 끝에 누워서 내리는 비를 바라보곤 했다. 랑 스튜디오의 마루가 좀 더 넓었으면 좋겠다는 생각을 했다. 한 번 누워보고 싶었다.

랑 스튜디오 대표가 이야기한 마을에서 겪은 여러 가지 어려움 중에서 가장 공감했던 표현은 "밤에 어둠을 만나면 화가 났다"는 말이었다. 도시에서 태어나고 자란 사람에게 '칠흑 같은 어둠'이란 표현을 온전히 공감할 수 없을 것이다.

시골에서 태어나고 자란 나는 몇 번 어둠을 경험한 적이 있다. 눈 내리는 겨울밤 가로등이 꺼진 시간에 마실을 갔다가 집으로 가는 길이

시골에서 태어나고 자란 나는 몇 번 어둠을 경험한 적이 있다. 개실마을에서 그런 칠흑같은 검은 밤을 다시 경험할 수 있었다.

면 눈 덮인 논에서 제자리를 빙빙 도는 경험을 하게 된다. 다행히 조금 헤매다보면 눈이 적응해 길과 집들이 눈에 들어오기 시작한다. 이런 어둠을 경험하고 나면 밤하늘의 별빛이 얼마나 큰 도움을 주는지 알게 된다. 달이 밝은 날은 마치 대낮처럼 느껴지기도 한다. 랑 스튜디오 대표가 말하는 어둠은 아마도 보수적인 집성촌에 미혼 여성이 살면서 느끼게 되는 어려움도 겹쳐 있는 것이라 추측된다. "인생은 멀리서 보면 희극이지만 가까이서 보면 비극"이라는 말이 있다. 아름다운 마을 생활이라 해도 어려움은 있기 마련이다.

마을 사람들의 이야기를 듣다보면 관광체험마을에서 실생활을 하고 있는 주민이 겪고 있는 어려움을 눈치 챌 수 있다. 체험마을이라고 해서 마을 어른을 유원지에서 근무하는 사람처럼 대하거나 사생활 공간이라 표시된 곳까지 기웃거리는 행동도 있는 듯하다. 지방 마을이 생존을 위해 선택할 수 있는 방법이 많지 않은 상황에서 관광체험마을의 효용성을 포기할 수는 없을 것이다.

문제를 해결하고 개선할 수 있는 방법을 만들어내야 하는데 마을 주민뿐만 아니라 외부 전문가의 참여도 적극 활용했으면 좋겠다는 생각이다. 개실마을을 다시 방문했을 때에는 환한 웃음의 마을 어르신과 자신에 찬 마을 대표의 얼굴을 보고 싶다.

장인숙

25년간 학습지 회사 교육팀에서 교육기획과 운영, 강의를 하면서 어릴 적 선생님의 꿈을 이어왔
다. MBTI 유형 중 ENFP 성향으로 '재기 발랄한 활동가'다. 사람과의 관계 속에서 머리 속에서 '소
설'을 쓰며 하루 하루 큰 모험을 즐기고 있다. 글을 쓰는 일은 마음의 출산을 경험하는 것이라 하
는데 주변의 소소한 일상을 기록해 전하는 스토리텔러가 되고 싶다.

인생 1막의 끝에서
새로운 시작을 발견하다

End? And!

공식적인 마지막 출근 날이다! 책상의 짐을 하나 둘씩 정리하고, 고생한 동료들과 인사를 나눴다. 너저분하던 짐들이 정리되고 내 책상에서 나의 존재는 지워졌다. 이제 남은 것은 노트북과 PDA뿐이다. 결국, 그 많은 것들이 쓸모없는 것이 되었다. 깨끗이 정리된 책상은 내 인생의 1막이 끝났음을 보여 주었다. 이제 이 회사에서 나의 쓸모도 끝이 났다. 치열했던 회사 생활의 순간 속에서 마치 여행지의 종착지에 이른 여행자처럼 허탈한 마음을 숨기고 집에 돌아왔다. 남편과 아들에게 아무 말 없이 하루를 마쳤다.

다음날 아침 인생 2막을 위해 웃는 나의 모습을 보면서 가슴이 뛰었다. 이젠 내가 좋아하는 나를 위한 여행을 시작할 때다. 다시 무엇인가 시작할 것이 있다는 것과 여유롭고 자유롭게 여행을 할 수 있다는 것, 이 두 가지가 내 삶에 주어져서 나를 지탱하는 힘이 강해졌다. 끝이 아닌, 새로운 시작점에서 여행을 통해 새로운 사람도 만나고 지역 생활인구로서 정체성과 가치를 찾아갈 것이다.

누구보다 치열하게 살았고, 그 속에서 외로움도 많이 느꼈지만 그 과정에서 위안을 얻고 지금껏 지켜온 것들에 희망을 발견한다. 내 마음이 흔들렸던 그 순간이 내게는 행복이었다. 살다 보면 여행이 필요한 순간이 있다. 여행으로 인해 세상을 다르게 보게 됐고 내면의 우울감도 극복했다. 행복은 크고 거창한 것이 아니라 소소한 것에서 나온다는 것을 깨달았다.

아주 짧은 순간에서도 작은 기쁨을 얻을 수 있으니, 삶이 얼마나 윤택하고 아름다운지 다시 돌아보게 된다. 50대가 되면서 생각의 전환이 일어나고 있다. 다른 사람들은 어떻게 생각하고, 어떤 준비를 하고 있는지 관심이 커졌다.

뭔가를 찾아야 한다는 마음에 성공한 CEO의 영상을 자주 보곤 한다. 인생에서 성공했다는 사람들의 이야기를 보며 낯설고 외롭고 때로는 큰 실패로 고단했던 삶을 극복해가는 과정을 본다. 그런 사람들의 모습을 보면서 희망을 얻고 자신감을 발견한다. 고령을 탐색한 8일 간의 여정은 나, 이웃, 공동체에 대한 깊은 이해의 시간이 되었고, 소통의 광장으로 나갈 수 있게 했으며 모든 것을 포용하는 아름다운 시간이 되었다.

남편의 고향은 시골이다. 청소년 시기까지 고향에서 살다 도시로 나와 학업을 마쳤다. 평소 직장생활에서 스트레스를 받을 때면 "우리 시골 가서 농사나 지을까?"라는 말을 입에 달고 산다. 농사를 경험하고 자란 탓에 그런 이야기를 쉽게 하는 모양이다.

농사 짓는 일이 쉬운 것도 아닌데 뭔가 잘 안되거나 일상에서 떠나고 싶을 때면 아무 생각 없이 내뱉는 말이 되어 버렸다. 농사를 뭔가 해 보고 안되면 아무나 하는 것처럼 말하는 것을 들으니 맘이 편치 않다. 귀농을 마치 노후 휴양처럼 생각하는 것인지. 농촌의 일을 누구보다 잘 알면서도 중년을 넘기니 그런 이야기를 더 자주 한다.

남편은 어릴 때 집에서 농사를 크게 짓는 바람에 한창 친구들과 어울려 놀고 싶을 때 놀지도 못하고 농사 일을 거들어야 했다고 한다. 그 어린 시절 농사가 얼마나 지긋지긋한 시간이었을까. 이젠 그런 옛 일들을 다 잊어버린 것인지.

서울 토박이인 나는 시골 생활을 잘 모른다. 초등학교 다닐 때 방학이 되면 외할아버지 댁에 가서 냇가에서 개구리를 잡던 기억과 겨울이면 화롯불에 고구마와 밤을 구워 먹던 것이 전부다. 그래도 결혼 후 시댁에 내려가 남편이 집안 일을 거드는 것을 곁에서 보고 곁눈질로 배운 것은 좀 있다. 봄이 되면 모내기를 하고, 여름이면 농약을 뿌리고, 가을이 되면 추수를 도왔다. 잠시 부족한 일손을 돕는 정도였지만 농사가 얼마나 어려운 일인지는 충분히 실감할 수 있었다.

농사는 어렵고 힘든 일이라고 생각하던 내게 농사에 대한 새로운 관심을 불러일으킨 사람이 있다. 고령에서 만났던 이수천 대표가 바로 그 주인공이다.

이 대표는 고령에서 카페 팜스빌드Farm's Build 를 운영하는 사장이며, 스마트팜 농장에서 토마토를 직접 재배하는 농부이자, 경북 상주 스마트팜 혁신밸리에서 강의를 하는 교수이며, 창업을 준비하는 청년 육성 및 노하우를 전수하는 컨설턴트이기도 하다. 팔방미인 같은 사람이다.

이 대표를 만나기 위해 그가 직접 운영하는 카페 팜스빌드를 찾았다. '팜스빌드'는 농장의 초석을 잘 다져 큰 기업으로 만들어나가겠다는 의미를 담은 이름이다.

조립식 건물 2층에 마련된 카페에 들어서면 기다란 수조에 크고 작은 물고기 수백 마리가 유영을 하고 있는 모습이 눈에 들어온다. 일명 '아쿠아포닉스 카페'로 하부 수조에서 물고기 양식을 하면서 발생하는 유기물을 활용해 상부 선반에서 수경재배 작물을 키우는 공간이다. 천장에 달린 LED 조명이 '태양'의 역할을 대신하고 있다.

2층은 교육장이나 휴게 공간으로 운영할 수 있도록 구성되어 있는데 넓은 창이 많아 환해서 좋다. 이 대표의 아내가 직접 커피를 내려 손님들에게 서비스를 하고 있는데 전국 로스팅 대회에서 1등을 한 전문가로부터 커피 원료를 제공받고 있다고 한다. 그래서인지 커피 맛

물고기 양식을 하면서 발생하는 유기물을 활용해 수경재배 작물을 키우는 아쿠아포닉스 카페, 팜스빌드의 내외부 모습

이 일품이다.

카페 바로 옆에 농장이 있다. 농장을 찾아온 견학생들에게 농업 현장의 생생한 이야기를 들려주며 교육도 시키는 농장 겸 교육장이다. 이 대표는 농업을 철지난 사양산업이 아니라 미래 첨단 산업으로 인식하고 데이터를 기반으로 하는 자동화 시스템을 교육하고 있다.

스마트팜에서 농업의 미래를 보다

경영학을 전공한 이 대표의 꿈은 자신만의 기업을 경영하는 경영자가 되는 것이었다. 하지만 고향에 계신 노부모가 눈에 밟혔다. 두 분은 나이가 많아 더 이상 농사를 짓지 않고 계셨다. 이 대표는 고민 끝에 부모님의 계신 고향으로 돌아왔다. 자연에만 의존했던 과거의 농사와 달리 요즘 농사는 작물을 생산하고 관리하는 것이 경영과 같다

팜스빌드 카페를 운영하며 스마트팜 농사를 짓고 있는 이수천 대표.

고 생각했기 때문이다.

지역사회 청소년 교육단체인 4H연합회 고령군지회 회원이 되어 농업 현장에서 필요한 다양한 농업기술을 직접 배웠다. 그리고 4H 회 장까지 맡아 농업, 교류, 귀농인 지도, 친환경 농업과 농업 경영에 대한 강연, 봉사활동을 하며 전문 농업인으로 성장했다.

동네 형들이 준 중고 골제 파이프로 부모님의 땅에 하우스를 설치하고 멜론 농사를 지은 것이 시작이었다. 이듬해 1억 원 초중반의 소득이 나오자 농사에 확신을 갖게 되었다. 과감하게 후계농자금을 받아 땅도 사고 농사 일을 확장했다.

멜론은 수익이 좋은 작물이었지만 연중 수익이 꾸준하지 않은 것이 문제였다. 꾸준히 수익을 낼 수 있는 작물을 찾던 중에 한국형 스마트 팜의 존재를 알게 됐다. 한국형 스마트팜의 초창기 모델인 단독형 온실에서 우수한 품질의 토마토가 출시되는 모습을 볼 수 있었다. 스마트팜에서는 1년에 10개월 토마토를 출하할 수 있기 때문에 고정적인 월수익을 얻을 수 있다.

이 대표는 스마트팜을 직접 해본 다음, 가능성이 보이자 주변 사람들은 물론 장인어른에게도 적극 추천했다. 대구에 살던 장인어른은 이 대표의 권유로 6년 전에 귀농해서 스마트팜을 시작했는데 지금은 성공한 스마트팜 농부로 주목받으며 고령군 홍보 영상의 메인에 등장할 정도가 됐다고 한다. 최근에는 고령 최초로 도입한 최신형 스마트팜과 임대형 스마트팜을 준비하는 과정에도 적극 참여하고 있다.

해병대 출신 아버지에게 배운
"나는 할 수 있다" 정신

그 과정이 순탄한 것만은 아니었다. 부지를 잘못 매입해 낭패를 보기도 했고 종자가 잘못돼 매출에 큰 타격을 받기도 했다. 그런 실패의 순간을 극복할 수 있었던 것은 마음 속으로 "나는 할 수 있다"를 끊임없이 반복한 이미지 트레이닝의 힘이었다.

"어린 시절 해병대 출신인 아버지께서는 술 드시고 오시면 수염 난 얼굴로 볼을 비비면서 'I CAN DO IT, YOU CAN DO IT'을 많이 외치셨는데 그래서 세뇌가 된 것 같아요."

스마트팜 농법을 활용해 재배하고 있는 농산물들

2024년에는 농업 교육농장 인증을 받으려고 준비 중이다. 농업 교육농장은 농업 교육을 담당하는 민간 농업 교육장으로 농업을 준비하는 예비 농업인들이 이곳에서 교육을 수료하면 공인된 인증서를 발급받을 수 있다. 새로운 인프라를 만들어야겠다는 생각으로 앞만 보고 달려왔는데 벌써 15년이라는 시간이 흘렀다. 그동안 겪었던 시행착오를 줄이면 지금 시작하는 친구들은 5~6년이면 충분히 기반을 잡을 것이라고 이야기한다.

고령 최초로 최신형 스마트팜과 임대형 스마트팜 설계에도 참여하고 있다. 임대형 농장을 하려면 1천 평 기준으로 스마트팜 한 동을 짓는데 부지 포함해 10억 원 정도가 소요된다. 청년 대상 정부 융자지원은 있지만 담보력 때문에 실질적으로 받을 수 있는 사람은 거의 없다.

이 대표는 고령의 임대형 스마트팜 활성화를 위해 적극적으로 나섰다. 군수에게 건의해 고령군 내 자립형 사업 환경을 조성할 수 있도록 하는데 기여했다.

고령군과 함께 진행한 임대형 스마트팜이 2024년 5월 준공예정으로 있다. 6농가가 입주 가능한 시설인데 이 대표가 교육시키고 있는 교육생들이 신청해서 모두 합격을 했다. 3년간 임대를 하고 임대료와 경비를 지불하고 수익을 내는 구조다. 3년간 수익금을 모으고 보조사업 등을 곁들이면 이들의 창업이 가능하게 될 것 같아서 뿌듯한 마음이다.

"형 같은 사람이 되고 싶어요"

예비 귀농인에게는 연속해서 꽃이 피고 열매를 맺는 토마토 같은 연속 착과 식물을 추천한다. 딸기 같은 경우는 체험농장을 겸하게 되면 운영비를 줄일 수 있기 때문에 적극 추천한다.

스마트팜 농업도 적극 추천하는데 스마트팜이 얼마나 효율적인지 체감하려면 반드시 교육을 받아보길 권하고 있다. 관련 시설의 경우 준비 과정부터 완공까지의 프로세스를 체크해야 하는데 특히 초기준비 단계가 중요하다. 시설물 업자들의 견적 내용을 잘 파악할 수 있어야 하기 때문이다.

업자들이 반영구적이라고 하는 온실 시설도 10년 정도가 지나면 실리콘이나 패킹이 삭아서 추가 비용이 많이 든다. 이런 부분까지 꼼꼼하게 체크해야 한다. 업자들의 말만 듣고 관련 설비를 설치했다가 난

방비가 터무니없이 많이 나와 낭패를 보는 경우가 많다고 한다.

예로부터 "작물은 농부의 발걸음 소리를 듣고 자란다"는 말이 있었지만 요즘 작물들은 농부의 발걸음 소리를 들을 일이 많지 않다. 모든 농업 데이터들이 시스템을 통해 자동 관리되기 때문에 시스템의 작동여부만 잘 체크하면 된다.

아무래도 시작이 가장 어렵다. 재배 관련 정보는 농업인력포털사이트에 좋은 동영상들이 많이 올라와 있어서 참고하면 도움이 되는데 문제는 시설 장벽을 어떻게 넘느냐는 것이다. 정부사업이 공시되면 자신이 가르치는 친구들과 함께 구상을 한다. 농사 일을 처음 접하는 사람들의 어려움을 잘 알기에 정부 지원을 받을 수 있도록 기관과 가교역할도 하고 있다.

이 대표는 추진력은 물론, 통찰력과 실행력 그리고 자기만의 고집이 강하다. 별거 아니라는 듯 툭툭 내뱉는 듯하지만 그 안에 신중, 소신, 자신감이 자리하고 있는 것이 느껴진다. 솔직하고 시원시원한 말투에 유머러스한 호인형이다. 일목요연하게 표현하는 말들이 귀에 쏙쏙 들어와 듣다보면 그 매력에 흠뻑 빠지게 된다.

현장 교수를 할 때 700평 면적에서 2달 반 동안 작물을 출하해 2억 4천만 원을 찍은 것은 전설로 남아 있다. 성공률도 높아졌지만 늘 실패도 뒤따를 수 있기 때문에 너무 크게 벌려 놓으면 안 된다는 생각을 한다.

"형 같은 일을 하면서 사는 사람이 되면 좋겠다"는 후배들의 말에

힘을 얻는다. 성공한 후배들에게는 "나에게 고맙다고 하지 말고 너희들이 해서 성공했으니 후배들 챙기라"는 말을 꼭 덧붙인다.

"희야(형)는 10년 만 하고 이후에는 하고 싶은 일을 할 거다!"

이 대표는 취미생활로 목공을 하며 주변 사람들에게 자신이 만든 목공예품을 선물하며 살고 싶다고 한다.

낡은 한옥의 새로운 변신

한옥들이 즐비한 개실마을의 좁은 돌담길 사이에서 발견한 뜻밖의 공간. 이곳을 지키고 있는 귀촌 예술인 랑스튜디오 이숙랑 대표를 만났다. 이 대표는 카페 도예갤러리에서 커피를 내리며 도예, 목공 등 체험 프로그램과 함께 숙박이 결합된 새로운 비즈니스를 하고 있다.

카페 곳곳에 가지런히 놓여 있는 도자기 작품들 속에서 이숙랑 대표의 흔적을 느낄 수 있었다. 예쁘고 멋스럽다.

시야를 넓혀 마당을 바라보면 한옥이 가진 매력에서 묻어나는 온화하고 따뜻한 느낌을 받는다. 고즈넉한 한옥의 친근함과 시골의 운치를 있는 그대로 보여주고 있다.

한옥은 완성도가 높은 건축물이기 때문에 따로 손을 데거나 꾸미지 않아도 햇빛과 바람과 자연이 함께하고, 마음이 저절로 노곤해지고 편안한 감성이 충만해지는 공간이다. 한옥의 자태를 바라보며 차를 마시니 비교할 수 없는 멋과 여유가 있다. 오랫동안 머물러도 지루하지 않은 곳, 그야말로 진정 힐링 공간이다. 카페테리아의 넓은 창문 너머로 잔디마당이 펼쳐진다. 카페 외에 한옥 두 개 동이 더 있다.

이 대표는 대구에서 고등학교를 졸업하고 서울로 대학을 진학해 도예를 전공했다. 도예라는 분야의 특성상 삼삼오오 모여 공유하며 작업하는 시간들이 많았고 그런 시간들이 즐거웠다. 졸업 후 대구에 있는 학교에 강의를 나가면서 서울과 대구를 자주 오가게 됐다.

이동으로 생기는 물리적인 시간을 극복하고 또 자신만의 작업 공간이 필요해서 알아보다 개실마을로 들어오게 되었고 이곳에 정착하면서 문화예술교육과 지역문화예술 기획을 하게 되었다.

개실마을은 사실 이 대표의 고향이기도 하다. 부모님이 이 마을에서 만나 결혼해서 아이들을 낳았고, 아이들이 아주 어린 시절 교육을 위해 대구로 이사를 했다. 어린 시절 잠시 살았던 동네이긴 하지만 특별한 기억은 없다. 이제 다 큰 어른이 되어서 다시 고향 마을로 돌아온 셈이 됐다.

개실마을에 들어오면서 아무도 살지 않고 방치되어 있던 고향 마을의 낡고 오래된 옛 한옥을 고쳐보기로 했다. 지은지 100년 가까이 된집이라 기와에도 문제가 많았고 바닥은 나무 틈새가 벌어져 벌레에 취약한 상태였다. 본체를 전부 허문 다음에 그 공간에 새롭게 건물을 짓고 싶었지만 아버지의 반대가 컸다. 자신이 나서 자란 이 집에 대한

랑스튜디오의 한옥 툇마루에서 햇볕 쬐며 한낮의 여유를 보내고 있는 일행들.

애착이 컸기 때문이다. 오빠와 동생도 어린 시절 경험했던 툇마루의
기억을 떠올리며 그 집을 보존하고 싶어했다.

결국 가족들의 뜻을 수렴해서 기존의 한옥 본채를 잘 고치고 그 앞
에 건물 2동을 새롭게 지었다. 작업실로 활용할 목적이었기 때문에
신식 구조의 건축물을 지으려고 생각했는데 문화재(도연재) 옆이라 경
상북도의 규제상 한옥 밖에 지을 수 없다는 이야기를 듣고 조금 당
황스러웠다.

한옥을 지으려면 비용이 많이 든다. 고민 끝에 절충 안으로 마련한
생각이 신축 건물을 짓되, 지붕에 기와를 올리는 것이었다. 시골에 건
축 전문가가 없다보니 집을 짓는 과정에서 시행착오도 많이 겪었다.

랑스튜디오 입구 모습. 카페와 체험관, 숙박시설 등이 들어서 있다.

잘 몰라서 시멘트 기와를 올렸는데 흙으로 만든 기와를 올릴 때와 시멘트 기와를 올릴 때 공사 방법이 다르다는 것을 몰라 나중에 문제를 겪기도 했다.

공사가 잘못되어 기와와 천장 사이 공간에 물이 고이고 그 고인 물이 썩어가고 있었는데 빗소리와 음악 그리고 차의 낭만에 빠져서 3년이 지나도록 천장에 고인 물이 썩는 것도 모르고 지내기도 했다.

일상 생활 속에서도 어려움이 많았다. 특히 시골의 캄캄한 밤에 적응하지 못해 숨이 막힐 것 같은 답답함 경험도 했다. 그럴 때마다 30대 여자가 이곳에 왜 왔을까. 그냥 서울에 있지 왜 왔을까. 후회한 적도 많았다고 했다. 조용한 시골마을에서 젊은 여자가 카페를 하고 예술 활동을 하며 지내는 것에 집중되는 시선도 부담스러웠다.

당시 이 대표의 마음 속에는 계속 '왜?' '혼자!' '내가 왜 이러고 있지?' 그런 물음표, 느낌표들이 가득 채워져 있었다. 제발 자신에게 관심 가져주지 말고 모르는 척해주었으면 좋겠다고 생각했던 적도 있었고, 어떨 때는 소통을 잘 하려고 애쓰는 자신이 너무 힘들어서 모든 관계를 끊고 침잠하는 시간을 보내기도 했다.

문화 사업 관련 기획 단계에서 문화재단이나 군 담당자들과 일을 하면서 절차상의 문제로 힘들 때도 있었지만 그럴 때마다 이 대표의 아버지는 딸에게 신신당부했다.

"뭘 하든 할 때 베푸는 일이면 하고, 아니면 하지 말아라. 지역에 얽메
어 부딪히면서 할 필요는 없다."

어쩌면 그 말에 지금까지 버텨올 수 있었던 것인지도 모른다.

갤러리 카페에 체험을 겸한 복합문화공간

이 대표는 농촌에서는 보기 드문 예술인이다. 최근 합류한 동생과 함께 시골의 삶 속에 일터가 어떤 방식으로 조화를 이룰지 고민하고 있다. 자신이 살고 싶은 공간에서 하고 싶은 일을 하며 풍요롭게 사는 것은 정말 축복이다. 이 대표의 이야기를 들으며 나도 저렇게 살고 싶다는 마음이 솟구쳤다. 더 많은 청년들이 농촌에서 즐겁게 살았

으면 좋겠다.

자연속에서 오감을 만족시키는 힐링 공간, 예술공간, 더 나아가 복합문화 공간이다. 특색 있고 차별화된 볼거리와 도예, 공예 체험의 즐길 거리로 개성과 다양성을 추구하는 이색적인 공간이다.

고급스러운 미각과 세련된 정서를 만족시켜 손님들의 눈과 입맛을 사로잡고 있다. 카페와 갤러리로 복합문화공간으로서 명품 장소이다. 이 대표에게 랑스튜디오는 어떤 의미일까?

"세대와 세대의 허브 역할이 되는 브리지 역할이 되는 곳이기도 하고요. 그리고 또 어떻게 보면 분야가 농촌과 또 전혀 다른 문화예술이 되기도 한 것 같아요. 그런데 15년이 지나면서 배웠어요. 그냥 사람 사는 곳이예요. 사람 사는 곳인데 하는 일이 다르고 역할이 조금 다른 것이죠."

이 대표는 30대 중반에 귀촌해 카페를 열었고 이제 50이 되었다. 40대 후반에는 코로나 여파로 어려움이 컸다. 이 대표는 당시를 떠올리며 "아무 일도 하기 싫었다"고 고백했다. 귀찮고 모든 게 지겨울 때는 잠시 한 템포 쉬어 가는 시간이 필요하다. 자신의 마음을 들여다보는 시간이 되었을 것 같아 가슴에 팍 와닿았다.

카페를 운영하는 것이 쉬워 보이지 않는다. 애정이 없었다면 지금까지 이렇게 유지하기도 쉽지 않았을 것이다. 무슨 일이든 남이 시켜서 하면 재미가 없다. 반대로 내가 하고 싶어서 하는 일은 더 잘하고

랑스튜디오 이숙랑 대표(오른쪽)와 필자(왼쪽).

싶어서 가슴이 뛴다. 나 또한 잘하고 싶었던 마음을 기억하고, 잘하려고 공부하면서 닥치는 대로 열심히 했다. 귀촌 예술인으로, 문화활동가로 보란듯이 자리잡은 이 대표가 대단하고 존경스러워 보인다.

하지만 요즘 고민이 많다고 한다. 지나 온 시간을 돌아보고 앞으로 가야 될 방향을 생각해보면 여러 가지 생각이 들 수밖에 없다. 이게 맞는 길인지 스스로에게 늘 묻는다. 다른 사람들은 어떻게 생각하고 어떤 준비를 하고 있는지 궁금하다.

최선을 다해 집중해서 일은 했지만 그럴수록 사람들과의 관계는 더 좁아진 것 같아 아쉬움이 많이 남는다. 그런 마음이 충분이 이해됐다. 나도 이제 인생에서 그냥 이렇게 안주하고 사는 삶이 아니라 뭔가를 찾고 싶다. 그렇게 산다면, 어느새 우리는 괜찮은 추억이 되지 않을까. 같은 고민, 같은 생각을 하고 있다는 것에 놀랐다. 다음에 만나면

랑스튜디오의 내부 모습과 판매하는 음료들.

친구로서 편안하게 만나자고 약속을 했다.

좋아하는 것, 싫어하는 것, 부족한 것

오늘도 나의 하루는 진한 커피 한잔으로 시작된다. 한잔의 커피가 나의 모든 감각을 깨우는 것 같아 그 느낌이 좋다. 점심 식사 후 또 한 잔의 커피를 마신다. 아쉬움과 상실감 첫 마음의 온도를 지키며 천천히 나아가고 싶다. 어느덧 우리 나이로 50이 되었다. 하늘의 명을 알았다는 지천명이다.

40대까지가 질풍노도의 시간이었다면 50대에는 객관적이고 보편적인 시간으로 들어서는 것이다. 이젠 내가 좋아하는 것, 싫어하는 것, 부족한 것이 무엇인지 분명히 안다. 그래서 좀더 지혜로운 삶을 꾸릴 자신이 생겼다.

평범한 카페가 수족관을 만나 아쿠아포닉스 카페가 되고, 한옥카페에 도자기 체험 활동이 연결되면서 체험카페가 되었다. 동서양의 음식이 섞여 봉골레 된장파스타가 되고, 그림책과 심리학을 연결하면 그림책테라피가 된다. 섞이고 연결되면 특별해진다.

서로 연결되고 확장되어야 한다. 고령에서 두 사람과의 만남을 통해 나의 노후의 삶도 어렴풋하게 그릴 수 있었다. 자연의 이치를 깊이 깨닫고 지나치거나 모자람 없는 자연 속 삶의 터전을 일구어가고 싶다.

현길용

30년 글로벌 IT 기업 경험을 살려, 대기업 임원 대상 비즈니스 코칭을 하고 있다. 지역 풀뿌리 조직인 중간 지원조직 활동가 대상 소통 리더십 코칭과 강의를 하며 아내와 함께 지역 살이 여행도 즐긴다. 서울시50플러스재단에서 만난 인생 동료들과 의미 있는 '작당'을 모색하면서 늘 가슴 설레는 삶을 살고 있다. 원주 산골문고 '터득골'에서 먼 산 보며 멍때리는 순간을 좋아한다.

새로운 기회와 꿈이 가득한 곳

가본 적도, 지나쳐 본 적도 없는

"아빠 고령이 어디야?"

고령에 간다고 하니 큰딸이 내게 물었다. 나도 대구 옆이라는 것 이외는 잘 알지 못한다. 대답은 궁색했다. 그리고 나온 답이 "대가야?" 그 정도였던 것 같다.

대답은 그렇게 했지만 생각해보니 대가야에 대해서 아는 것이 별로 없었다. 중학교 시절 국사 시간에 잠시 등장했던 것 같은데 기억이 가물가물했다. 그나마 얼마 전 가야 고분군이 유네스코 세계유산에 등재되면서 일반인들에게도 조금 알려지는 계기가 됐지만 사실 고령의 특산물이나 관광지 같은 것을 특별히 알고 있는 것이 없었다.

직장생활을 하면서 전국의 많은 곳을 출장다녔지만 고령은 한번도 가본 적은 물론 지나쳐 본 적도 없는 곳이다. 여행이란 것이 항상 그렇듯 두근두근 설레는 마음을 안고 고령을 향한다.

좋아하는 캠핑으로 귀촌하다

　　고령군 덕곡면에서 '숲에 안기다'라는 캠핑장을 운영하며 귀촌 생활 중인 유우석 대표를 만났다. 700여 개의 고분군이 병풍처럼 펼쳐진 지산동 고분군에서 자동차로 20분 정도 거리에 위치한 곳이다. 가을을 느끼기에 적당한 10월 중순이었다. 이정표도 없고 차 한 대가 겨우 지나갈 수 있는 외진 숲길을 따라 올라가다보니 큰 개울가 옆에 자리 잡은 캠핑장을 만날 수 있었다. 제법 규모가 큰 수목원 같기도 하고 놀이공간 같기도 한 캠핑장이었다.

　　평일 한낮이라 25개 구역 중 3~4개 정도 구역에만 손님들이 캠핑을 즐기고 있었지만 주말이면 이곳이 꽉 찬다고 한다. 캠핑장 맨 아래쪽은 개인적인 사생활이 보호될 수 있도록 조금은 독립적인 공간으로 구성되어 있었으며 고즈넉한 가을을 즐기는 가족 캠퍼들의 모습이 보였다. 윗쪽으로는 장기 캠핑을 즐기는 조금 큰 대형 텐트들이 눈에 띄었다.

　　잠시 후 젊은 연예인같이 훤칠한 외모의 유우석 대표가 전기자전거를 타고 나타났다. 호리호리하면서도 다부진 몸은 일로써 다져진 느

깊은 숲속에 위치한 '숲에 안기다' 캠핑장 전경.

낌이 들기에 충분했다. 부지런함이 몸에 밴 듯한 몸가짐에는 행복감
이 묻어 있었다. 아내는 마침 음식 관련 커뮤니티 활동으로 산청에 다
니러 갔다고 한다. 어떻게 젊은 부부가 어떻게 이런 산골까지 와서 캠
핑장을 운영하고 있는지 그 사연이 궁금했다.

유 대표는 대구에서 학원 강사로 일했다. 학생들의 수준에 맞는 교
수법과 학부모의 기대치를 만족시키는 강의로 인기가 높았다. 아내는
같은 학원에서 관리직으로 일했는데 같은 직장에서 일하면서도 아침
6시부터 저녁 8시까지 눈 한번 제대로 못 맞춰볼 정도로 바쁜 나날들
이 계속됐다. 그렇게 지친 몸과 마음으로 저녁에 집에 들어가면 요리
를 하기보다 배달 음식이나 간편식으로 끼니를 때우는 날이 많았다.

그나마 그런 힘든 생활을 유지할 수 있게 해준 것은 시간이 허락할

유우석 대표(오른쪽)와 캠핑장 운영에 대한 이야기를 나누는 필자(왼쪽).

때마다 부부가 함께한 캠핑 생활이었다.

캠핑은 두 사람의 지친 몸과 마음을 다독이는 데 큰 힘이 되었다. 가까운 교외부터 이름난 먼 곳의 캠핑장까지 여러 캠핑장을 찾아다니다 보니 캠핑 장비도 많이 늘어났다. 캠핑에 재미가 붙을 즈음 엉뚱한 꿈이 하나 생겼다. 아내와 함께 좋은 곳에 캠핑장을 만들고 자신들과 같이 일상에 지친 사람들이 와서 쉬면서 지친 몸과 마음을 재충전하도록 하고 자신들도 그런 사람들과 어울려 서로 즐거움을 나누면서 살아가면 어떨까 하는 생각이었다.

추진력이 좋은 아내는 꿈을 바로 실천에 옮겼다. 아내의 성화에 못 이겨 아내가 찾아보고 눈여겨본 몇 곳을 직접 찾아가 확인하던 중 바로 이곳, 고령군 덕곡면에서 3천 평 정도의 부지를 발견하게 되었다.

접근로가 좁아서 자동차 한 대가 겨우 지나갈 수 있는 곳이었다.

자세히 살펴보니 소유주가 여러 번 바뀐 땅이었고 부분적으로 석축 작업 등 토목공사가 되어 있었지만 정리되지 않은 채 방치되어 있었다. 복잡한 인허가 문제를 해결하지 못해 소유주들이 적합한 용처와 사업 내용을 만들지 못한 땅이었다.

유 대표는 대학에서 토목공학을 전공했고, 졸업 후 건설 현장을 누빈 경험도 갖고 있다. 이때 부동산개발과 관련된 전문적인 지식을 자연스럽게 습득할 수 있었는데 잘하면 어렵게 묶여있던 부동산을 개발 용도에 맞게 인허가를 받을 수 있겠다는 생각이 들어 이 땅을 매입하게 되었다.

다음은 캠핑장을 만들어나가는 일이었다. 열혈 캠퍼로서 아내와 함께 캠핑을 다니면서 느꼈던 불편과 아쉬움들을 반영해 조금씩 캠핑장의 모습을 갖추어 나갔다. 이곳을 사용하게 될 사람들의 기뻐하는 모습을 기대하며 새로운 석축을 쌓고 나무를 심고 꽃씨를 뿌렸다. 공사를 진행하면서도 무엇보다도 동네 어르신들과 좋은 관계를 만들어나가는 데 최선을 다했다.

잠시 스쳐 지나가는 캠핑 사업자가 아니라 이곳에 정착해 주민으로 살아가면서 많은 사람들이 와서 편히 쉬어 갈 수 있는 편안한 캠핑장을 만들고 싶었다.

캠핑장을 하면서 보니 주위에 스마트팜 형태로 하우스 농사를 짓는 농가들이 많이 보였다. 특히 딸기 수확철이 되면 일손이 크게 부족해서 조금이라도 도움이 되었으면 하는 마음에 나가서 마을 일도 도왔다. 또 틈이 나면 마을 하천을 정비하는 등 마을 곳곳의 불편한 부분들을 해결하려고 노력했다. 젊은 부부의 노력이 가상해보였는지 몇몇 어르신들은 비닐하우스를 짓고 스마트팜 농장을 지어서 운영하는 방법을 알려주기도 했다. 단계별로 농사 전문가를 구하여 그때그때 대응하면 특별히 농사에 대한 전문 지식이 없어도 스마트한 농사꾼이 될 수 있다는 따뜻한 조언도 해주었다. 젊은 사람들이 산골에 들어와서 고생하는 것에 대해 안쓰러워하는 정 깊은 분들이 많음을 느꼈다고 한다.

비싼 가격에도 예약 '오픈런'

부부의 노력으로 캠퍼들이 선호하는 시설들을 잘 만들어 놓은 덕분에 '숲에 안기다'는 경상남북도에서 가장 비싼 가격에도 주말에 빈자리가 없는 캠핑장이 되었다.

고객들이 찾아오는 캠핑장을 만들어 가는 부부만의 독특한 방법을 눈여겨 보았다. 보통 캠핑은 연인, 가족 그리고 친구들끼리 많이 간다. 특히 캠퍼들의 경우 새로운 곳에서의 경험을 즐기는 특성이 있기 때문에 한번 간 곳은 다음에 잘 안 간다는 특징이 있다. 하지만 이곳 '숲에 안기다' 캠핑장은 한번 다녀간 가족들이 또 다시 찾을 만큼 인기가 많은 것이 특징이다.

각 텐트마다 붉을 밝힌 조명으로 빛나는 '숲에 안기다' 캠핑장의 야경.

　유 대표의 이야기를 들으니 이해가 됐다. 캠핑을 즐기는 사람들 중
에는 벌레에 대한 고충을 이야기하는 사람들이 많다. 또한 캠핑장 시
설에서 청결함이나 편의성을 기대하기 어려운 경우도 많다.

　이런 불편함을 해소하기 위해 유 대표는 정기적으로 캠핑장 벌레
방제 작업을 실시하고 있으며 조리실도 한 시간 간격으로 청소해 청
결을 유지하고 있다. 깨끗하게 관리된 샤워실을 한번 사용해 본 사람
들은 그 편안함과 아늑함에 깜짝 놀랄 정도라고 한다. 자신들이 그동
안 캠핑을 즐기면서 아쉬웠던 부분들에 대해 적극적인 해결책을 마
련한 것이었다.

　여기에서 멈추지 않고 아이들과 부모가 함께 즐길 수 있는 거리들
도 많이 만들었다. 특히 부부가 아이들을 대상으로 한 학원에 근무

캠핑장 내에서 진행한 다양한 프로그램 덕분에 캠핑장 재방문율을 크게 높였다.

한 경험이 있기 때문에 아이들과 학부모의 마음을 너무나 잘 알았고 그들이 캠핑장에 와서 하는 행동들을 통해서 필요한 부분들을 찾아냈다.

개울가에 위치한 사격장도 그렇게 만들어진 곳 중 하나다. 아빠가 아이들에게 총 쏘는 법을 가르쳐 주고 함께 총을 쏘며 표적을 맞추었을 때 즐거워하는 가족들의 모습을 그리며 만든 시설이다.

사격장 건너 반대쪽은 개울가를 따라 여러 가지 장애물과 빨랫줄에 긴 천조각들을 묶어 길게 길을 만들어 놓았는데 곧 다가오는 할로윈 축제를 위한 준비들이었다.

캠핑장 통합 예약 사이트인 '캠핏'에 축제 내용을 올리자마자 거의 1분 만에 모든 예약이 마감되었다고 한다. 계절에 맞게 아이들과 부모가 함께 캠핑을 즐기고 추억을 만들어갈 수 있는 일들을 기획하고 함께 즐기면서 새로운 아이디어를 만들어나가는 것 같았다.

이밖에도 주변의 농가들과 함께 하여 체험 농장을 운영하기 위해 여러 가지 시도를 하고 있었다. 캠핑장을 찾은 고객들에게 고령의 특산물인 딸기 농사를 체험하면서 저렴하게 구매할 수 있는 과정을 만들기 위해 직접 농가들을 찾아다니며 상의를 하기도 했다.

처음에는 고객들에게 다양한 체험의 기회를 만들어주면서 농가 소득에도 보탬이 되기를 희망했지만 알고 보니 농가 입장에서 큰 도움이 되는 일은 아니었다. 수확 시기에 맞춰 사람을 구해 딸기를 수확하고 나머지는 빨리 정리하는 것이 농장 운영면에서 가장 좋은 방법이었다. 체험농장용으로 활용하려면 일부의 농작물을 수확하지 않고 놔두고 관리해야 하는데 그것이 더 번거로운 일이었기 때문이다. 겨우 협조를 얻어 캠핑장 프로그램 중 하나로 딸기 수확 체험을 진행하고 있다.

조금 다른 이야기지만 체험농장을 준비하기 위해 시장조사 차원에서 아르바이트를 했는데 한달에 300만 원 가까운 거금을 받았다고 한다. 이 정도 금액은 도시의 웬만한 아르바이트 자리에서도 받기 힘든 금액이다. 농촌에서도 규모가 큰 스마트팜 농장을 운영하는 곳에서는 고액을 주는 일자리도 있다는 사실을 새롭게 알게 됐다.

캠핑장 운영을 통한 수입은 두 사람이 도시에서 벌던 금액의 절반도 안 되지만 이들 부부는 캠핑장 운영을 통해 얻는 즐거움과 노동의 보람, 이곳을 찾는 고객들과의 소통에서 받는 에너지가 훨씬 커 보였다. 소박하지만 행복을 모으는 하루하루를 만들어 나가고 있었다.

귀농·귀촌을 희망하는 사람들은 대부분 자신들이 하고 싶어하는 부분에 많은 비중을 두고 결정을 하는 바람에 귀농·귀촌 생활을 하는 과정에서 필연적으로 따르는 생소함과 처음 겪는 노동에 대한 현실적인 부담으로 많은 어려움을 겪었던 것도 사실이다.

유 대표 부부의 경우는 본업을 통해서 익힌 아이들과 부모에 대한 지식과 지혜를 캠핑장을 찾는 가족 단위 고객들을 위한 프로그램으로 승화함으로써 경쟁력 있는 캠핑장을 운영할 수 있는 기반을 마련할 수 있었다.

부부가 캠핑이라는 취미를 사전에 충분히 경험하고 즐기면서 좋아

캠핑장을 함께 운영하며 새로운 인생을 살고 있는 유우석 대표 부부.

하는 일로 만들어 왔음을 알 수 있다. 하고 싶다는 열망과 좋아하고 잘할 수 있는 분야의 경험과 특기를 살려 성공적인 귀촌 생활을 하고 있는 대표적인 성공사례가 아닐까 싶다.

유우석 부부의 '고령 안기기'를 응원하며 앞으로도 하고 싶은 일들로 좋은 에너지를 많이 담아 '숲에 안기다' 캠핑장을 찾는 많은 캠퍼에게도 부부의 밝은 기운을 나누어 주기를 기대해본다.

엄마의 손맛,
아들의 비즈니스로 다시 태어나다

고령의 청년 기업가인 ㈜풍경미가의 김주영 대표는 좌충우돌하면서도 무엇인가를 이루고자 하는 강한 열의로 똘똘 뭉친 24살의 패기 넘치는 활동가이다. 직접 만나 보니 앳된 얼굴에 눈매가 예뻐서 조금은 여성스러운 느낌까지 주는 여려 보이는 청년이었다.

군 생활을 하면서도 제대하고 나면 나중에 사회에 나가서 무슨 일을 할 것인가에 대해 많이 고민했고 선배나 지인들과의 상담도 많이 했다고 한다. 오랜 고민 끝에 내린 결론은 큰 도시에 나가서 일반적인 직장생활을 하는 대신 고향에 남아 어머니가 하던 음료 제조사업을 이어서 해보겠다는 것이었다.

김 대표의 어머니는 음식을 만드는 손맛이 남달랐다. 그 음식 솜씨로 식혜를 만들어 알음알음 판매하는 수준으로 조그맣게 식품사업을 유지해왔는데 김 대표는 어머니와 함께 이 사업을 좀 더 규모 있는 사업으로 키워보고 싶다는 생각에 이 일에 뛰어들었다.

김 대표를 만난 곳은 고령의 산업 전진 기지 중 한 곳인 성산면이었다. 공단 인근 개울가 옆에 풍경미가 본사 건물이 자리잡고 있었다. 도착하기 전 생각했던 것보다는 큰 규모의 공장 건물에 조금은 놀랐다. 풍경미가는 어머니가 해오던 수작업 형태의 작업장에서 생산설비를 갖춘 공장으로 막 변신하고 있는 중이었다.

공장 안에 들어서니 예전 수작업으로 식혜를 생산하던 때 사용하던 20여 대의 대형 전기밥솥과 새로 설치하기 시작한 자동화 음료 생산 설비가 같은 공간에 함께 놓여 있었다. 변화의 한 가운데 있는 과도기적인 모습을 있는 그대로 볼 수 있었다.

공장 한편에는 사무용 책상 몇 개와 정리가 덜 된 집기들이 놓인 업무 공간이 있었는데 그곳에서 우리 일행과 김 대표의 만남이 이루어졌다. 우선 김 대표의 업무가 궁금해 하루 일과 중 중요한 몇 가지를 물어보았다. 가장 중요한 업무는 뭐니뭐니해도 제품 생산이었다. 새로운 설비를 이용해서 시제품 몇 종류와 기존 식혜 제품을 생산하고 있었는데 이와 함께 기존의 생산설비를 철거하는 작업을 병행하고 있었다. 이 모든 일을 어머니와 둘이서 하고 있다고 한다.

고객들에게 건강하고 깨끗한 식혜 음료를 제공하기 위해서 HACCP 인증 신청 작업과 검증 준비를 하는 한편, 일부 경쟁력 있는 기술 부분을 보호 받기 위한 특허신청 작업 등도 병행하고 있었다. 대

풍경미가 공장의 내부 모습. 어머니가 수작업으로 만들던 식품제조 공정을 자동화 설비로 바꾸는 과정에 있다.

외 업무 대부분은 김 대표의 몫이다.

제품 홍보를 위해 대구 엑스코를 비롯한 대규모 식품 박람회에 직접 참여하기도 했다. 건강을 강조한 시음 활동 등을 통해 관람객들로부터 큰 호응을 받았으며 국내 바이어들뿐만 아니라 외국 바이어를 만나는 좋은 기회들도 있었다.

지자체나 단체에서 주관하는 박람회 참가 외에도 주변 지인들의 도움으로 학교 또는 공공단체나 일반 기업에서도 시음을 통한 제품 홍보 활동을 진행했으며 이런 기회를 통해 제법 많은 양의 제품을 판매하는 성과도 거두었다. 하지만 전시회 참가나 시음행사 등 제한적인 활동을 통한 제품 홍보나 영업을 통해서 단기적인 판매 증대 효과를 볼 수 있었지만 지속적인 성장을 기대할 수 있을 정도의 많은 판매를

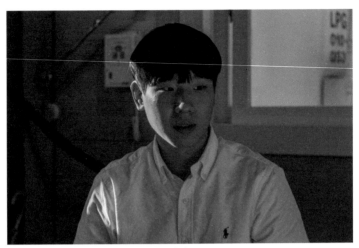
고령의 젊은 청년 사업가, 풍경미가의 김주영 대표.

기대하기는 어려운 실정이었다.

기회만 주어진다면 어디든 달려가서 온몸으로 매달려 최선을 다한다는 의지와 자세를 보니 어떻게든 도움을 주고 싶다는 생각이 절로 들었다.

여행 중 상품 홍보에 진심인 김주영 대표의 모습을 또 한번 볼 수 있는 기회가 있었다. 지산동 고분군에서 음악회가 열리던 날, 서울에서 온 40여 명의 관람객들에게 무료로 건강 식혜음료를 제공하기 위해 주차장에 걸어서 10여 분 정도 걸리는 언덕 위 고분군까지 음료 박스를 직접 들고 나르는 모습을 보았다.

음료 박스를 짊어지고 땀을 뻘뻘 흘리면서도 시종일관 미소를 잃지 않았고, 고분군에 올라서서는 수줍은 듯 본인을 소개하며 공장에서 생산된 제품을 일일이 시음하도록 하면서 서울에서 온 손님들에게 제품을 홍보하기 위해 애쓰는 모습이었다. 고생하는 모습이 한편으로는 안쓰러워 보이기도 했지만 한편으로는 대견하고 든든해보였다.

2023년 1월 법인으로 전환했으니 이제 1년 남짓 밖에 지나지 않았다. 주변 사람들이 기꺼이 도움을 주려고 하는 모습에 늘 감사한 마음이지만 한편으로는 혼자서 많은 부분을 감당해야 하는 현실에 어려움이 많다고 덧붙였다.

특히 제품 개선이나 홍보와 관련해서 많은 조언을 받았지만 모두 다 실행하기에는 시간적으로나 비용적으로 한계가 있어서 필요한 부분만 선택하여 진행할 수밖에 없었는데 그 마저도 어떤 조언을 받아들여야 할지 결정할 수 없어서 좀더 실질적인 도움이 필요한 듯 보였다.

제품 디자인만 해도 상표의 크기나 서체 등에 대해 여러 사람의 의견이 다양해 어떻게 하는 것이 좋을지 몰라 난감했으며 결국 결정을 내리지 못해 아직도 바꾸지 못하고 있는 상태였다.

인력이 부족하다보니 영업 활동도 제한적일 수밖에 없는데 우선은 인터넷 포털을 통한 직접 판매에 집중하고 있으며 블로그와 SNS를 통해서 홍보도 열심히 하고 있었다. 지인들을 통하여 학교 급식이나 회사 급식 및 단체 활동 등을 쫓아다니며 시음 활동을 하고 있지만 더 많은 기회를 만들지 못해 아쉽다고했다.

여러 지인의 도움으로 병원 입원실과 진천 국가대표 선수촌 등에서 대량의 시음 활동을 통한 판매 기회를 가질 수 있었다.

경영 전반에 걸친 어려움을 해소하고 제품 홍보 및 마케팅 부분에서 부족한 부분을 보완하기 위해 지역에서 제공하고 있는 교육 훈련 프로그램에 열심히 참여하고 있다.

아울러 지자체에서 지원하는 액션그룹 활동 역시 지역의 기업과 활동가들에게 필요한 지식을 교육시켜주고 필요한 지원을 해주는 좋은 제도라서 적극적으로 참여하며 도움을 받고 있다고 했다.

지역 활동가를 위해
도시 신중년이 할 수 있는 일들

김 대표와 만나면서 작은 바람이 생겼다. 지역에서도 젊은 기업가들이 자기만의 꿈을 향해서 무모할 수도 있는 도전과 패기 있는 활동으로 최선의 노력을 다할 수 있는 환경이 만들어졌으면 좋겠다는 것이다. 아직 미완성이지만 그들이 가진 패기와 젊음으로 꿈을 이루기 위해 고향을 지키며 한 걸음씩 성장해가는 젊은 기업가, 활동가들을 많이 보고 싶다는 희망도 가져 보았다.

나도 김 대표와 비슷한 또래의 자녀들이 있어서 그 마음이 너무나 와닿았다. 비록 짧은 시간의 만남이었지만 뭔가 도움이 되는 역할을 해야 한다는 강박감이 몰려왔다.

서울과 수도권의 신중년들은 신중년들은 오랫동안 자신이 종사해

풍경미가에서 생산, 판매 중인 음료들

온 분야에서 쌓아온 전문적인 지식과 풍부한 경험이 있다. 그들이 각자의 부문에서 지역의 젊은 활동가들에게 서로에게 도움을 주고받으면서 어떤 역할을 해줄 수 있지 않을까 하는 생각을 해보았다.

나뿐만이 아니라 함께 풍경미가 공장을 방문했던 다른 두 사람도 비슷한 생각을 한 것 같았다. 김 대표가 앞으로의 희망과 계획을 두서없이 이야기하면서 경영 활동에 도움이 될만한 내용이 있으면 해달라는 간절한 이야기를 듣고서 조심스럽게 참고가 될만한 이야기를 시작했다.

우선은 시스템적으로 제품을 홍보하고 알리며 경험하게 만드는 로직을 그림을 그리며 설명해주었고, 이어서 단골을 만들어가는 과정과 단골 마케팅을 어떻게 활용하며 그 장점이 무엇인지 설명해주었다.

지역에서 사업을 해나가는 것에 대해서 김주영 대표와 진지하게 이야기를 나누었다.

내 경우 다국적 기업에서 30여 년 간 근무하며 터득한 마케팅 관련 지식과 영업 비결, 그리고 인적 네트워크 등이 지역 청년 기업가에게 도움이 되지 않을까 하는 생각을 해보았다.

그동안의 경험을 바탕으로 2015년부터 중소기업과 자영업을 하는 리더들을 위한 마케팅 전략인 '작은마케팅클리닉'을 활용하고 있는데 이런 솔루션들을 지역의 젊은 사업가와 활동가들을 위한 비즈니스 코칭에 활용한다면 많은 도움이 될 것이라는 생각이 들었다.

그러한 내용을 바탕으로 새로운 아이디어로 전략을 만들어 가는 방법에 대한 선진 방법론을 가르쳐 주었고, 현실적으로 바로 적용할 수 있는 이야기들에 김 대표도 큰 관심을 보였다.

일행 중 사진작가도 있었는데 상품 홍보를 위한 사진이 필요하면 언제든지 이야기하라고 '마음의 쿠폰'을 선물해서 더욱 든든했다. 20년 이상 아동 교육 전문기관에서 활동해온 또 다른 일행은 특히 여자 입장에서 단호박 식혜를 분만조리원의 산모들에게 홍보하여 그들의 끈끈한 정보 네트워크를 활용하면 어떻겠냐는 아이디어를 내놓기도 했는데 젊은 남자인 김 대표가 생각하기 어려운 좋은 홍보 아이디어라는 생각이 들었다.

다양한 경험과 특정 분야의 전문 지식들이 뒷받침된 조언들은 젊은 청년 기업가에게는 사업을 위한 충분한 자양분이 되었을 것이다. 김 대표는 하얀 도화지에 파란 잉크가 번져가듯이 새로운 지식과 방법론을 받아들이는 모습이었다. 좀 더 의미 있고 전략적인 도움을 줄 수 있는 방법을 찾아야겠다는 생각을 더 가지게 되는 시간이었다.

고향을 지키며 부모님들이 일구어놓은 터전을 지켜나가는 지역의 젊은 기업가와 활동가에게 대도시 신중년들이 다양한 경험과 전문적인 지식들을 바탕으로 그들 가까이에서 자신만의 방법으로 자신감을 불어 넣어주고 멘토링을 해준다면 많은 도움이 될 수 있을 것이라는 확신이 들었다.

김 대표와의 만남을 마무리하며 이 시대의 신중년이 지역의 젊은 활동가를 위해 어떠한 역할을 해야 하는지를 다시 생각해보는 무거운 숙제를 느끼게 되었다.

작은 마을과 함께
만들어가는 큰 꿈

정윤재

부산 영도 산동네에서 자란 소년은 머나먼 곳에 가는 꿈을 꾸었다. '어린왕자'가 사는 별에 가보고 싶었고 '세계여행 사진집'에서 본 킬로만자로의 표범도 만나보고 싶었다. 어딘가에서 누군가가 기다리고 있는 것 같았고 마음속에는 늘 어떤 그리움 같은 게 피어올랐다. 공장, 사무실, 학교에서 이런저런 일을 하다 지금은 아시아 여러 나라 사람들의 민간교류를 돕는 일을 하고 있다.

대가야시네마 · 개실마을

오래 전 헤어진
연인을 만나는 곳

멍하니 앉아 있다

세 번째 스무 살을 지나면서 새벽에 일어나는 날이 많아졌다. 고요한 밤에 홀로 책을 보거나 아무 생각 없이 멍하니 앉아 있는 것을 좋아했는데 언젠가부터 새벽에 깨어있는 맛에 들렸다. 어쩌다 무언가에 끌려 새벽 산책을 나서보니 조금씩 번져오는 아침 기운이 온 몸에 스며드는 듯했고, 바람의 결이 낮이나 저녁보다 훨씬 신선했다.

사람이 너무 갑자기 바뀌면 험한 일을 당하기 쉽다는 말도 있어서 아직은 '아침형 인간'이 될 결심은 못하고 있지만 조금씩, 아주 조금씩 변해가고 있다. 새벽에 이런 저런 책을 뒤지다가 '당신이 가장 행복했던 때는 언제였나요?'라는 문구를 보았다. 언제였을까. 고등학생 때 교회에서 '밀알축제'를 기획하며 친구들과 낄낄대던 때? '노짱'을 도와

169

꿈같은 대 역전승을 이루었을 때?

옛사람들은 새로운 지역을 방문하면 먼저 그곳의 산천을 살폈다. 예나 지금이나 땅에 발을 딛고 사는 사람에게 그들이 살아가는 자연환경은 사람들의 삶의 양식을 결정하는 중요한 요인으로 작용한다. 사람들이 마을을 이루고 살아가는 해안과 산간, 평야는 사람들의 생업 양식을 결정하고 지역마다 독특한 문화를 형성한다. 자연은 사람의 마음을 담는 그릇과 같아서 사람의 품성도 산천의 영향을 받는다.

고령과는 오랜 인연이 있다. 공직에서 일할 때 고령군수, 보성군수와 함께 미국 MIT 벤처지원센터를 방문한 일이 있었다. '벤처생태계 혁신 연수'라는 이름의 그 방문행사에는 여러 부처의 공무원들과 벤처 육성 관련 교수가 함께 했다.

당시 일행이었던 보성군수는 보성녹차를 소개하면서 '실론티'처럼 '보성녹차'가 비행기 승객들에게 공급하는 음료가 될 수 있는 방법을 물었고, 고령군수는 2천 년의 역사를 가진 대가야의 유적이 세계적인 역사 유적으로 평가되고 문화 관광지가 될 수 있는 방안에 대한 컨설팅을 요청했다.

MIT의 역사 문화 컨설턴트는 "신라와 백제에 대해서는 여러 차례 들어봤지만 가야에 대해서는 처음 듣는다"면서 2천 년의 역사를 가진 가야의 문화유적에 대해 깊은 관심을 보였다. 약 2시간의 토론 과정에서 그는 스미소니언이나 보스턴의 대학 박물관에서 대가야의 유적을 전시하는 것과 고대 동아시아 역사문화 컨퍼런스를 여는 방안

2천 년의 역사를 가진 대가야의 본진, 고령. 세계적인 역사 유적으로 평가받을 수 있는 날이 올 것으로 믿고 있다.

을 논의해 보자고 했다. 그 행사 후에 고령군수의 초청으로 처음으로 고령을 방문해서 대가야의 공기를 깊이 느꼈던 기억이 떠올랐다.

　대가야의 본진, 고령에서 꿈같은 며칠을 보내고 그 꿈속에서 한 해를 보냈다. 저녁노을이 물드는 지산동 고분 길을 걸은 후에 그 고분을 마주보는 언덕에서 가야금과 기타의 합주를 들었던 고분음악회는 고령 여행의 백미였다. 고구려와 백제, 신라 사이에서 고유한 문화와 전통을 이어온 부족 연맹체 가야는 어떤 나라였을까. 가야금을 만들었던 우륵과 악사들. 무덤에 순장되었던 많은 여인들과 하인들, 나지막한 산 아래 아기자기한 집을 짓고 살다가 신라에 복속되었던 가야의 백성들은 어떤 삶을 살았을까 궁금했다.

가야의 역사를 본격적으로 연구하고, 일본에 침탈당한 소중한 문화유산들을 되찾으려는 노력은 왜 아직 제대로 이루어지지 않을까. 어쩌면 가야의 역사를 복원하는 것이 동아시아 공동체의 역사를 새롭게 조명하는 출발선이 될 수도 있지 않을까. 오래된 지역에서 무거운 주제들을 생각하느라 오래도록 잠을 이루지 못했다.

시골 작은 영화관에서 영화에 푹빠지다

고령에 가서 제일 먼저 찾은 곳은 '대가야 역사테마 관광단지'에 있는 작은 영화관이었다. 돔 모양의 지붕이 예쁜 극장 입구에는 가야 산신 '정견모주'의 입상이 있었다. 따뜻한 아메리카노 한잔과 팝콘 한 봉지를 사 들고 극장 안에 들어서니 빨간 의자가 보였고 그 가운데에 할아버지 한 분이 앉아 있었다. 아침 일찍 들일을 마치고 오신 걸까. 조금 있으니 어딘가 몸이 불편해 보이는 소년이 그의 엄마로 보이는 이의 손을 잡고 들어와 통로 옆 자리에 앉았다. 소년의 손에도 팝콘이 들려있었다. 고소한 팝콘 냄새가 극장에 가득했다.

영화가 시작되었다. 〈생츄어리: 마법의 소원나무〉. 꼬마 쥐가 신비한 소원나무에 생명을 불어넣어 마을을 차갑고 위험한 운명에서 벗어나게 한다는 이야기가 다양한 색깔의 환상적인 풍경과 어우러졌다. 아늑하게 들려오는 피아노 소리와 고요한 생츄어리의 모습이 가슴에 안겨왔다.

고령의 고분 모습을 닮은 작은 극장, 대가야시네마.

"와 - 우와 -."

소년의 어깨가 들썩들썩했다. 소년의 엄마가 그의 입을 막으며 할
아버지를 보고 고개를 숙였다. 스크린 속의 마을과 극장 속의 모습이
잘 어울렸다. 마법의 소원나무라. 저 소년에게 어떤 마법이 시작되려
나. 고령은 마법이 시작되는 곳인지도 모른다. 영화를 보고 나오는 소
년의 눈에 신비한 기운이 서린 듯 했다. 언젠가 봤던 〈시네마천국〉의
'토토'가 생각났다. 손을 흔들며 인사하는 토토를 보며 빙긋이 웃는 할
아버지의 얼굴도 어디선가 본 듯했다.

다음 날 저녁 다시 영화관을 찾았다. 극장 편성표에서 본 이선균과
정유미가 나오는 영화 〈잠〉을 놓칠 수가 없었다. 어느 날 옆에 잠든

대가야시네마의 내부 모습. 고즈넉한 시골마을에서 즐기는 영화도 색다른 느낌이다.

남편이 이상한 말을 중얼거린다. 잠에서 깨어나면 아무 것도 기억하지 못하지만 잠들면 누군가가 가족들을 해칠까 두려운 남편과 매일 잠드는 순간 시작되는 끔찍한 공포로 잠들지 못해 힘들어 하는 아내.

"누가 들어왔어!"

영화를 보는 내내 그 말이 귀에 울렸다. 고즈넉한 시골마을에 와서 이런 스릴러를 보다니. 으스스해서 주위를 둘러봤더니 막걸리 냄새를 풍기는 사내 둘이 고개를 박고 있다. 오십 대 쯤으로 보이는 그들은 아마 지산동 고분 길을 걷다가 읍내 전통시장에 가서 파전에 막걸리를 한잔 걸쳤을 것이다.

옛날 시골에서는 영화 한 편 보는 것이 '큰 일'이었다는데 지금은 중소 시군 지역에서도 최신 개봉영화를 즐길 수 있는 작은 영화관이 곳 곳에 있다. 전북 장수에서 시작된 '작은 영화관'은 유행처럼 번져 코로나가 확산되기 전에는 50여 곳에 이를 만큼 많이 생겼다.

고령의 '대가야시네마'는 경상도에서는 처음 만들어진 작은 영화관으로 초기에 35곳의 시 군 영화관들이 모여 만든 '작은 영화관 사회적 협동조합'의 일원으로 시작되었다. 오전 10시 45분부터 밤 11시까지 각 50여석과 40여석 2개 상영관에서 최신영화를 하루 6번씩 상영한다.

대가야시네마의 박윤경 관장은 대학에서 시나리오를 전공하고 충무로와 방송국에서 영화와 교양 다큐멘터리를 찍던 영화인이다. 가야대에서 영화 이론을 강의하던 남편을 따라 고령에 온 그는 맑고 푸른 자연과 신선하고 값싼 농산물, 아이들이 뛰어놀 수 있는 작은 학교가 너무 좋아서 고령에 푹 빠져들었다. 대가야의 혼이 느껴지는 아름다운 시골 고령에서 그는 도시에서 시간에 쫓겨 사느라 돌아보지 못했던 이웃 사람들의 삶을 차분하게 살펴보게 되었다. 사람답게 사는 것은 어떤 것일까. 나는 이곳에서 무얼 할 수 있을까.

집에 홀로 계시는 어르신들과 어렵고 힘든 이웃들을 보면서 그는 뭔가 그들에게 보탬이 되는 일을 하고 싶어서 온라인으로 사회복지 공부를 시작하고 요양원과 자원봉사센터를 찾아갔다. 고령에 있는 봉사단체가 60개나 되고 자원봉사자로 센터에 등록된 분이 6천 명이 넘는다는 이야기를 듣고 그는 깜짝 놀랐다. 옆집 사람이 누군지도 모르는 도시의 아파트 생활에 익숙했던 그는 이웃을 도우며 더불어 살아가는 공동체 문화가 살아있는 농촌에 오기를 너무 잘했다고 생각했다. 어느 날 그는 자원봉사센터에서 만난 공무원으로부터 고령에 작은 영화관이 생긴다는 이야기를 들었다.

"가슴이 두근거렸어요. 이 아름다운 곳에서 내 영혼의 오아시스 같은 영화 일을 할 기회를 만날 줄이야. 힘들고 고단한 삶을 사는 지역주민들에게 영화를 보여주는 일을 할 수 있다니. 아이들에게 엄마가 영화관 일을 하면 어떤 점이 좋고 어떤 점이 걱정되는지 물었더니 엄마가 그 일을 하면 주말이나 방학 때 같이 못 놀아줄 것 같은 것이 걱정되지만, 엄마가 좋아하는 일을 하는 것이 너무 좋으니 해 보라고 했죠."

자원봉사센터에서 일하면서 만난 주민들과 자원봉사자들이 영화관의 잠재 고객이며 그들과 소통할 수 있다는 장점과 영화 일을 해왔던 경력을 어필하여 대가야시네마 영화관장이 되었다. 2015년 12월에 개관한 대가야시네마에는 매년 관객이 늘어나서 2016년에는 인구 3만 명의 고령군에서 대가야시네마 연간 관람객이 5만 명을 넘었다.

평일에도 영화관을 찾는 주민이 꾸준히 늘었고 주말에는 학부모들이 아이들을 데리고 많이 찾아와서 좌석이 꽉 찼다. 대구에 아이들과 놀러 가거나 쇼핑 갔던 사람들도 동네에 최신영화를 볼 수 있는 영화관이 있는데 영화를 대구에서 볼 이유가 없다면서 쇼핑을 마치고 고령에 돌아와 대가야시네마를 찾았다. 고소한 팝콘과 음료수도 있고 일하는 사람들도 엄마나 이모가 알만한 분들이라 아이들도 좋아한다고 했다.

영화처럼 다시 살아난 시골 영화관의 기적

코로나가 확산되면서 영화관은 위기를 맞았다. 손님이 뚝 끊겼고 숨만 쉬어도 적자가 쌓여 문을 닫고 잠정 휴업했다가 결국 파산을 결정했다. 영화관 문을 닫은 후에도 박 관장과 영화관 직원들은 영화관 주위를 서성이며 다시 시작할 수 있는 방안을 논의하며 서로를 격려했다. 언제쯤 다시 영화관 문을 여느냐고 묻는 주민들이 많아졌다. 군청 공무원들도 언제까지 고령의 문화 오아시스인 대가야시네마의 문을 닫아 둘 수 없다며 사회적 기업 일자리 지원이 있으니까 예비 사회적 기업으로 등록해서 사회적 경제 영역에서 영화관을 다시 위탁 운영해보라고 권했다.

여러 사람들의 격려와 관심 속에 대가야시네마는 2020년 7월 '대가야 시네누리 협동조합'을 설립하여 재개관하였고 그 해 12월에 예비 사회적 기업으로 지정되었다. 예비 사회적기업 인증을 신청하고 심사를 받을 때 심사위원으로부터 이렇게 어려운 조건에서 귀한 일을 해 주어서 너무 고맙다는 말을 들었다. 그 말 한마디에 그동안의 고

대가야시네마를 운영하고 있는 박윤영 관장(오른쪽). 왼쪽이 필자.

생과 설움이 다 씻겨 내려가는 것 같다며 영화관에서 일하던 이들은 서로의 손을 맞잡았다. 새롭게 문을 연 대가야시네마는 수시로 어린 이와 할머니들을 위한 기획 특별전과 다양한 이벤트를 열어 고령 주민의 문화생활을 풍요롭게 하고 있다. 2022년에는 다시 연간 관람객이 3만 명에 이르렀다.

지난 추석에 영화관 직원들은 당황스러운 경험을 했다. 객지에 나 갔던 사람들이 고향에 돌아오면 영화관도 많이 찾을 것이라고 생각해 단단히 준비했는데 연휴 내내 사람이 별로 없었기 때문이다. 넷플릭스로 영화를 보는 사람들이 많아지고 OTT가 대세가 되면서 영화관에서 영화를 보는 사람들이 점점 줄어들고 있다. 대도시의 큰 극장들도 적자가 심각하다고 한다. 진짜 이제 영화관만으로는 어렵겠구나 하는 생각이 들 때가 많다.

영화 관람료는 일반이 7천 원이고 청소년과 경로 유공자는 6천 원인데 그 절반은 영화배급사에 가고 나머지로 직원들 급여와 세금, 운영비를 감당하고 있다. 영화배급사는 지역의 작은 영화관에게는 영화부금을 좀 싸게 받으면 안될까. 엎친 데 덮친 격으로 내년부터 사회적기업의 일자리 지원예산이 삭감되어서 인건비 지원이 끊긴다고 한다.

지원 예산이 끊기면 당장 직원들 급여를 어떻게 할지 눈앞이 캄캄하다. 인구 3만 명이 안 되는 고령의 작은 영화관이 중앙정부와 지방정부의 지원 없이 지속가능할 수 있을까. 요즘 대가야시네마는 월요일과 화요일은 영화 상영을 하지 않는다.

영화에는 늘 위기가 있지만 반전이 있다. 어렵고 힘든 고난 속에서 머리를 맞대고 지혜를 모을 때 기적 같은 희망의 빛이 다가온다. 대가야시네마는 어려운 여건 속에서도 지역주민의 문화복지를 담당하겠다는 각오로 다양한 시도를 하고 있다. 같이 봄 영화 행사를 기획해서 시각장애인들에게 오디오로 화면을 설명해주고 청각장애인을 위해 상세한 설명이 자막으로 나오는 영화를 준비했다.

양로원이나 요양원에 계신 어르신들을 영화관으로 모셔 기획전을 열고 교육청과 학교, 어린이 집을 찾아가서 아이들이 영화를 접할 기회를 더 많이 갖게 할 방안을 협의했다. 차량이 있으면 골목골목 지역을 찾아가서 어르신들을 영화관으로 모셔오고 싶고, 동네에서 영화를 보는 찾아가는 영화관을 하고 싶어서 지혜를 모으고 있다.

작은 영화관이 영화 상영 뿐 아니라 교육과 커뮤니티 공간으로 활용되도록 가족, 친구, 동문 등 십여 명의 소규모 인원을 대상으로 영화관 한 개관을 대관해주는 '끼리끼리 시네마' 이벤트도 기획하고 있다. 영화관이 있는 고령. 시골이지만 문화가 있고 멋과 낭만이 넘쳐나는 고령을 위해 대가야시네마의 필름은 쉬지 않고 돌아가고 있다.

점필재 종택이 있는 개실마을

고령에서는 대가야의 문화와 더불어 조선 유학의 뿌리를 느낄 수 있다. 쌍림면에 있는 개실마을에서 한옥의 운치를 제대로 느끼고 싶어 마을 끝에 있는 '추우재'에서 민박을 했다.

그래 내가 꿈꾸던 곳이 바로 이런 곳이지. 어두워지는 저녁하늘을 바라보다 탁 트인 사랑방에 앉아 노트북을 열고 쓰다 만 소설 파일을 열었다. 글을 쓰고 싶었다. 사랑이야기, 이별이야기, 눈 감으면 떠오르는 사랑하는 사람들 이야기. 여기에서는 쓸 수 있을 것 같았다. 뭔가 감이 팍 왔다. 맞춤법 신경 안 쓰고 정신없이 자판을 두드렸다. 휴대전화 소리가 들렸다. 막걸리 마시러 식당으로 오라고 했다. 피식 웃음이 났다. 그래, 내가 소설은 무슨…. 금방 가겠다고 나서는데 빈 사랑방이 눈에 들어왔다. 막걸리 마시기에 여기보다 좋은 곳이 없을 것 같은데. 그냥 거기 있는 사람들이 이리로 오라고 할까? 아니다. 여기 이 적막한 공간은 이대로 두는 것이 좋겠다. 언젠가 혼자 다시 와서

조선 유학의 뿌리를 느낄 수 있는 개실마을 풍경.

이 멋진 공간을 누리리라. 누워서 책도 읽고, 앉아서 글도 쓰고, 혼자
서 막걸리도 마시고. 그래 그 때는 원고지와 연필을 들고 와야겠다.

　개실마을은 영남 사림학파의 영수인 점필재 김종직 선생의 후손
이 터를 잡고 350년째 대를 이어 살고 있는 선산 김씨의 집성촌이다.
꽃이 피는 아름다운 골짜기라 하여 개화실(開花室)이라 부르던 개실
마을의 뒤쪽으로는 화개산과 약 370년 된 대나무 숲이 있고, 앞쪽으
로는 봄이면 나비가 춤을 추는 모양새의 접무봉이 있다. 개실마을에
들어서자 마치 사극 세트장을 방문한 느낌이 들었다. 현대적인 건물
하나 없이 마을 하나가 모두 오래된 한옥으로 구성되어 있어서 마치
350년 전으로 돌아간 기분도 들었다. 마을을 산책하다 눈을 들어 하
늘 위를 어지럽게 지나는 굵은 전깃줄을 보며 비로소 시간여행에서

깨어날 수 있었다.

개실마을은 섬처럼 조용한 마을이었다. 머무는 동안 낮이고 밤이고 마을 앞 도로로 차 한 대 지나가는 것을 보지 못했을 정도다. 그런 것에 비하면 말끔하게 닦인 포장도로가 의아할 정도였다. 원래는 이 길이 벚꽃나무가 울창한 길로 봄이면 장관을 이루었다. 하지만 전두환이 헬기를 타고 고향집을 다닐 때 길이 좁아서 방해가 된다며 길가의 벚꽃을 모두 베어 버리고 길을 포장했다고 한다. 아름다운 벚꽃 길을 잃은 대신, 넓은 포장도로를 얻었다.

마을 골목골목을 돌아보니 낮은 담장이 눈길을 끌었다. 발뒤꿈치를 들지 않아도 걸어 다니면서 집 안 마당이 다 들여다보일 정도로 낮았다. 마을 전체가 집성촌이어서 이웃집이 대부분 친척 관계라서 그랬다고 한다. 개실마을은 주민 대부분이 20촌 내외의 집성촌인데 지금은 60여 가구에 주민 수는 80명 남짓이다.

김종직 선생은 학문과 문장에 뛰어났고 후진 교육에 힘써 김굉필, 정여창, 남효은, 유호인, 김일손 등 많은 인물을 배출하였고 이들은 성리학의 발전과 보급에 크게 기여하였다. 훈구세력과 대립하여 사림파를 형성하였고 홍문관, 예문관 제학, 경기도 전라도 관찰사, 형조판서 등 많은 관직을 역임한 후 사후 영의정으로 추증 받았다.

선생의 후손들이 이 마을로 들어오게 된 것은 조선 중기 연산군 때 유자광을 비롯한 훈구파가 사림파를 몰아내기 위해 일으킨 무오사화

마을 한 가운데 위치한 점필재 종택. 18대손인 김민규 씨가 거주하면서 종갓집의 역사를 지켜나가고 있다.

의 영향이 크다. 선생이 쓴 '조의제문(弔義帝文)'은 숙부인 항우에게 죽임을 당한 중국 초나라 의제를 애도하는 글이었는데 사초에 실린 이 글을 훈구파는 단종을 의제에 비유해 세조의 왕위 찬탈을 비난한 글이라 매도하고 선생의 무덤을 파헤쳐지는 '부관참시'를 하고 후손들을 죽이거나 노비로 삼았다. 세월이 흐른 후 겨우 화를 피한 선생의 5대손인 김수휘 선생과 남은 후손들이 이곳에 터를 잡아 오늘에 이르고 있다.

　마을 한 가운데 있는 점필재 종택에 들어서자 사각거리는 굵고 흰 모래가 신발에 부딪혀 소리를 냈다. 외부 손님이 들어올 때 인기척을 낼 수 있게 만든 것이라고 한다. 이 종택에는 김종직 선생의 18대 손인 김민규 씨가 현재 거주하고 있다. 아버지와 어머니가 돌아가신 후 서울에 있는 종손인 큰 형이 일 때문에 내려올 수 없어 차남인 자신이 8년 전에 안정적인 직장을 던져두고 마을로 들어왔다. 종갓집을

김종직 선생의 18대 손이자 개실마을 영농조합법인을 이끌고 있는 김민규 위원장.

지키며 수많은 조상의 제사를 지내고 이산 저산을 오르내리며 묘사(墓祀)를 지내는 그는 어르신 대부분이 70대 후반을 넘어선 마을에서 수많은 집안 어르신인 마을 주민들을 부모님 모시듯 정성을 다한다.

"처음 마을에 들어올 때 고민이 많았어요. 종가를 지키고 350년이 넘은 전통을 계승해야 한다는 무게가 크게 느껴졌고, 이게 내가 살고 싶은 삶이 맞는가 하는 회의도 들었죠. 가족 반대도 심해서 처음에는 혼자 들어올 수밖에 없었어요. 나중에 아내가 강아지를 키우게 해주면 마을에서 같이 살겠다고 해서 아내, 강아지와 함께 살게 되었죠."

그동안 마을을 이끌어온 자긍심과 종갓집 아들이라는 책임감이 느꺼지는 말투였지만 마을 안내가 끝나가면서 이런저런 아쉬운 말이 섞여 나왔다. 연로한 마을 어르신들에 대한 걱정과 이 마을을 거의 홀로 이끌어가다시피 하는 데서 오는 외로움이 새어 나왔다.

종갓집을 지키는 책임감의 무게

쉽지 않은 종갓집 아들의 길을 걷고 있는 그의 모습이 당당해 보이면서도 알 수 없는 쓸쓸함이 배어 있었다. 그의 어깨 너머로 세 마리의 개가 마을을 자유롭게 돌아다니고 있었고 본채 대청마루에 작은 개 한 마리가 햇살아래 낮잠을 청하는 모습이 보였다.

개실마을에는 종택과 더불어 지방 유림들이 선생을 기리기 위해 건립한 '도연재(道淵齋)'가 있고, 5대에 걸쳐 효를 행한 마을이라는 것을 알리는 비석이 '김씨세거지비(金氏世居地碑)'와 함께 있다. 개실마을은 마을의 80%가량이 한옥을 유지하고 있어 자연경관과 기와선이 어울려 농촌의 정취가 물씬 풍기는 전통 마을로 주민 대부분이 20촌 내외의 집성촌이고, 지금은 60여 가구에 주민 수는 80명 남짓이다.

유교의 법도를 오래도록 지켜오던 대표적 전통계승마을인 개실마을은 마을 가꾸기 사업을 통해 마을 안길을 정비하고 농촌체험마을의 기반을 차곡차곡 쌓아오다가 2006년 개실마을 영농조합 법인을 설립하면서 전통과 현대가 조화를 이루는 마을로 변모하게 되었다. 농어촌 인성학교로 지정된 개실마을에서는 선비 옷과 갓을 갖춰 입고 전

개실마을에서는 쌀가루에 조청을 부어 엿을 만드는 체험활동을 진행하고 있다.

통 예절교육을 받을 수 있고, 엿 만들기와 떡메치기 등 전통음식체험과 민속놀이와 생태체험 같은 다양한 체험을 경험할 수 있다.

마을에서 농사 지은 쌀로 만든 조청을 이용한 엿 만들기는 늘 최고의 인기를 누린다. 쌀가루를 손에 묻힌 뒤 두 사람이 손을 맞춰 조청을 당기고 꼬아서 만드는 작업은 생각보다 쉽지 않다. 진한 갈색에 가깝던 조청이 흰색으로 변하면 잠시 굳혔다가 막대기로 툭툭 두드려 먹기 좋은 크기로 잘라준다. 전통 방식으로 만든 유과와 한과는 추석과 설 등 명절에는 주문이 폭주할 정도로 인기 품목이다.

한옥체험을 하면 코로나 이전에는 민박집에서 농가밥상을 받아볼 수도 있었다고 한다. 마을 앞으로는 소하천이 흘러 하천변 생태 관찰과 피라미 잡기, 뗏목타기, 썰매타기를 할 수 있다고 한다.

개실마을은 2019년에는 연간 방문객이 5만 명에 이를 정도로 늘어났으며 , 대통령 표창을 비롯해서 팜스테이마을 최우수상, 농촌관광

경영 대상을 받고 농촌체험 휴양마을사업 으뜸촌으로 선정되어 전국의 여러 마을에서 벤치마킹을 하러 올 정도로 성공적인 농촌체험마을로 자리잡았다. 방문객이 늘어나는 것은 반가운 일이지만 주민 대부분이 70대 후반에 접어들어 마을 체험을 이끌어 줄 일손이 부족해서 어려움을 겪고 있다고 한다. 지금 살고 있는 어르신들의 자녀들이 마을로 돌아와서 살면 좋겠는데 어떤 방법이 있을까?

영농조합법인 개실마을에서는 귀농 귀촌을 원하는 도시민들의 성공적인 정착을 돕기 위한 '농촌에서 살아보기' 프로그램도 운영하고, 예마을, 가얏고마을, 신리마을과 함께 고령군 농촌관광협력단을 만들어 체험 프로그램을 교류하며 상생하는 방안을 찾고 있다.

오후 늦게 지산동 고분에 오르다가 김상덕 선생 사적비를 보았다. 고령 출신으로 동경 유학 중 2.8 독립선언 11인 대표로 독립선언식을 거행하다가 붙들려 옥고를 치른 후 상하이로 망명한 그는 만주에서 이청천, 김좌진 장군과 같이 항일운동을 했다. 임시정부 국무위원으로 활동하다 김구 주석과 함께 귀국한 후에 1948년 고향 고령에서 건국 초대 제헌의원으로 당선되어 국회 헌법기관인 '반민족행위특별조사위원회' 위원장에 선출되어 매국 친일 청산에 주력하다 6.25 전쟁 때 납북되었다. 김상덕 선생은 얼마 전 개봉한 영화 〈파묘〉에도 등장해 영화를 보면서 잠시나마 고령 생각이 났다. 고령에는 역사의 혼이 흐르고 있다.

고령의 역사적 의미와 문화적 가치가 무척 크다. 제45차 유네스코 세계유산위원회는 2023년 9월 17일에 한반도 남단에 존재했던 고대 문명 가야의 유적 7곳을 묶은 가야 고분군$^{Gaya\ Tumuli}$을 세계유산 목록에 등재하기로 결정했다. '주변국과 자율적이고 수평적인 독특한 체계를 유지하며 동아시아 고대문명의 다양성을 보여주는 중요한 증거가 된다는 점에서 탁월한 보편적 가치가 인정된다'는 것이 동 위원회가 가야 고분군을 세계유산으로 결정한 이유다.

세계유산 등재를 계기로 가야 문화에 대한 재조명이 이루어졌으면 좋겠다. 중앙집권적인 동아시아의 일반적인 정치시스템과는 달리, 수평적이고 자율적인 공동체를 이루었던 가야 연맹의 특성과 신라, 백제, 고구려와는 또 다른 가야만의 독특한 문화적 가치가 제대로 알려졌으면 좋겠다.

지산동 고분의 슬픈 역사와 가야금의 신묘한 음색이 어우러진 음악 축제를 찾아 세계의 문화예술인들과 역사문화 관광객들이 모여드는 날이 머지않아 올 것 같다. 가야사와 가야 문화 복원을 통해 고대 동아시아 역사를 새롭게 조명하려는 정부의 노력과 문화예술인을 비롯한 민간의 창의적인 노력이 어우러지면 대가야의 본진, 고령의 가치는 새롭게 부각될 것이다. 우선 〈현의 축제〉등 기존의 음악축제를 활성화하고, 국립국악원 분원이나 한국예술종합학교의 창의문화센터 등 문화예술전문기관의 거점을 가야금의 산지인 고령에 설치하는 방안을 검토했으면 좋겠다.

길을 찾는 과정은 아름다운 자연을 구경하는 것이 아니라 치열한 삶 속으로 걸어가는 것이다. 오래도록 여러 사람이 더불어 걸을 수 있는 길을 찾고 싶다.

앞으로 일생동안 직업을 적어도 대여섯 번은 갈아 탈 것이고, 정년퇴직 제도도 없어져 일하며 사는 삶이 70년은 될 거라고 한다. 그동안 나는 몇 번이나 직업을 갈아탔을까. 공장 노동자로 일하기도 했고, 사무실에서 기획 업무도 했다. 정치와 공직 생활도 했고, 강의하고 연구하는 일, 아시아 여러 나라 사람들 간의 교류를 돕는 일까지 이미 예닐곱 가지는 되는 것 같다. 그런데 70년 동안 일하면서 살아야 한다고? 아직 한참 남았는데 앞으로 뭘 하지, 아니 뭘 할 수 있을까.

몇 년간 대학원에서 '사회적경제' 과목을 강의하면서 공부했던 내용과 중소기업 경영고문을 했던 경험을 살려 고령의 사회적기업과 마을공동체의 운영에 참고할 만한 이야기를 나누거나, 지역의 역사문화를 복원하는 일에 참여할 수 있으면 좋겠다. 고령의 관계인구가 된다는 것은 오래도록 잊고 있었던 내 안의 누군가를 만나는 과정인 것 같다.

대가야는 오래 전에 헤어진 연인을 만나는 곳인지도 모른다. 신라와는 또 다른 대가야의 도읍지. 우륵과 가야금, 순장 이야기가 어려 있는 곳. 작은 영화관 등 문화예술 관계자와 마을공동체, 사회적 기업 활동가. 지역의 청년 창업가와의 만남. 지산동 고분에서 열릴 작은 음악회. 짧은 여행을 시작으로 글쓰기와 팬슈머 활동을 통해 한 발짝 두 발짝 다가가서 인구소멸지역이 된 이 오래된 지역과 관계인구로 인연 맺기를 꼼지락 꼼지락 사부작 사부작 시작해 본다.

류순이

마음이 즐거운 일을 하며 보람을 찾는다. 꾸준히 배우며 나누는 호기심 많은 신중년이다. 스마트
폰강사, 온라인홍보마케터, 목소리 봉사, 낭독공연 등 새로운 경험을 채워가는 일상이 즐겁다. 여
행처럼 시작하는 지역살이 매력에 푹 빠져 생활인구 지역을 늘려가는 중이다. 공저로 지역살이 가
이드북 〈강릉에서 살아보기〉, 〈인제에서 살아보기〉, 〈걸어서 만난 세계시민〉이 있다.

대가야체험캠프 · 차남마을협동조합

눈부신
위로의 시간을 찾아서

대가야를 체험하는 방법

저녁 귀갓길 남산타워를 바라보면 요즘 들어 빨간색 타워가 자주
보인다. 남산타워는 파랑, 초록, 노랑, 빨강 4가지 색깔의 조명으로
대기오염 정보를 시민에게 알리고 있는데 빨간색 조명이 켜진 날은
초미세먼지 주의보가 발령되거나 대기오염이 심한 날이다. 이런 날이
면 어릴 적 살았던 농촌의 별밤이 생각났다. 별이 쏟아질 것 같은 맑
은 하늘과 공기가 그리운 날이면 마음은 먼 고향으로 달려가곤 했다.

경북 고령군 대가야읍 신남로 61번지에 자리잡은 대가야체험캠프.
고령군청에서 1㎞ 거리이며 캠프에서 자동차로 5분 이내에 고령 주요
관광지에 접근할 수 있다. 고령을 찾는 관광객이 대가야의 문화유산

을 즐길 수 있도록 대가야박물관, 왕릉전시관, 문화누리, 대가야생활촌, 대가야역사테마관광지 등 주요 문화 관광시설이 모여 있는 곳에 대가야농촌문화체험특구 캠핑장을 조성했다. 캠핑장은 캠프 96면, 고상 가옥 방갈로 4동으로 구성되어 있으며 샤워장, 개수대 등 편의시설이 구비되어 있고 전기 사용과 온수 샤워도 가능하다.

이 캠핑장은 사회적기업 인증을 받은 ㈜대가야체험캠프가 고령군으로부터 수탁하여 운영하고 있다. 저소득층·학생에게는 체험활동비를 감면해 주고 지역의 저소득층을 우선 고용해 일자리를 제공하고 있다.

대가야체험캠프가 지자체가 조성한 SOC(사회기반시설) 시설을 지역관광 활성화라는 조성 목적에 맞게 가장 잘 운영한 사회적경제 우수사례로 선정되었고, 이문기 대표는 문화체육부 국책사업인 'SOC를 활용한 사회적경제 활성화 사업' 정책개발 자문위원으로 활동하기도 했다. 이런 노력을 인정받아 2019년 경상북도 사회적경제 대상 시상식에서 개인 부문 대상을 받았다.

이 대표는 경남 합천 출신으로 합천댐이 생기면서 고향이 수몰된 아픈 기억을 갖고 있다. 그 후 부산으로 이사해 대학을 다녔고 30년 동안 줄곧 부산에서 살았다.

대학 때는 산악부 활동을 열심히 했다. 1986년 국내에서 가장 난이도가 높은 토왕성폭포에서 빙벽훈련을 할 정도로 실력을 인정받아 대

대가야 문화유산을 즐길 수 있도록 조성된 대가야체험캠프.

학산학연맹 클라이머 강사로 활동하며 부산 산악계에 빙벽 기술을 보급하는 데 힘을 보태기도 했다.

대학 졸업 후엔 입시 전문학원을 운영했다. 일타강사로 소문이 나면서 학원이 미어터질 정도로 잘됐고 부산에서 다섯 손가락 안에 꼽힐 만큼 성장했다. 그러다 사교육이 사회적 문제가 되면서 학원 운영에도 위기가 찾아왔다. 사교육을 없앤다고 모든 학교가 오후 10시까지 야간자율학습을 시행하면서 입시 전문학원은 오후 11시까지 수업을 마쳐야 하고 지키지 않으면 벌금을 내게 된 것이다.

문득 어렵게 생활했던 지난 시절이 떠올랐다. 이제는 집도 샀고 살만하다는 생각이 들었다. 강사들에게 "여기까지 온 것은 모두 선생님들 덕분"이라며 권리금 없이 학원을 넘겼다.

천성이 산쟁이에 가까워 캠핑장이나 해야겠다는 마음으로 부산에서 캠핑장을 운영할 만한 부지를 찾아보았다. 부산에 마땅한 장소가 없어 밀양, 창녕, 양산, 김해 등 경상남도 일대로 범위를 넓혀 찾아봤지만 마땅한 자리가 나타나지 않았다. 전기, 수도 등 인프라를 갖춘 곳을 찾아보자는 생각으로 경상남북도에 위치한 폐교를 50곳 넘게 돌아다니다 마침내 찾은 곳이 바로 이곳 고령이다.

캠핑장보다 더 유명한 소시지 바비큐

캠핑장을 열면서 뭔가 차별화할만한 요소가 없을까 고민하다 시작한 것이 소시지 체험이었는데 나중에는 캠핑장보다 소시지가 더 유명해졌다. 캠핑장에서 직접 소시지를 만드는 것이 화제가 되면서 방송을 통해 전국에 소개되니까 처음에는 좋기도 하고, 놀랍기도 했는데 시간이 가면서 부담이 되기 시작했다.

밝은 조명에 잘 편집된 영상만을 보고 찾아온 사람들 중에는 폐교에서 운영하는 캠핑장이라는 것을 보고 조작방송이라며 목소리를 높이기도 했다. 방송에 몇 번 소개되고 나자 전국적으로 문의는 엄청나게 오는데 직접 방문하는 고객은 문의 고객의 1%도 되지 않았다. 한번은 방송국에서 8시간이나 촬영해서 〈훈제 바비큐의 비밀〉이라는 제목으로 방송이 나갔는데, 막상 방송에서는 시내 삼겹살집 관계자

대가야체험캠프의 이문기 대표(왼쪽)와 필자(오른쪽).

가 "훈연할 수 있는 시설이 없는데도 연기 맛이 폴폴 나는 것은 도대체 무슨 비밀이냐"며 "벤조피렌 같은 탄화수소 발암물질이 들어간 것 아니냐"는 의혹을 제기하는 인터뷰가 나가면서 뭔가 문제가 있는 것처럼 비춰졌으며 훈연액을 만드는 업체에서는 소송을 하겠다고 나오기도 했다. 나중에 담당 PD에게 당초 기대했던 대로 편집을 못해서 죄송하다며 사과를 받기도 했지만, 마음고생이 컸다.

폐교를 관광자원으로 활성화한 독보적인 케이스로 방송에 소개되면서 전국에 폐교 붐을 일으킨 주인공이 되기도 했다. 덕분에 캠핑장 운영은 잘됐지만 캠핑장이 성장할수록 어려운 일이 생기기 시작했다. 텐트 50동만 들어와도 한 동당 4명을 잡으면 200명이 들어오게 되니 정화조 용량 문제가 생겼고 이로 인한 민원이 끊이지 않았다. 결국 2014년에 폐교 캠핑장을 떠나 현재 자리로 옮겨왔다. 이 대표 캠핑장의 시그니처로 자리 잡은 소시지 바비큐와는 어떻게 인연을 맺게 되었는지 궁금했다.

"학원이 잘 되던 시절 초등학생, 중학생이던 아이들과 함께 할 시간이 없어 늘 미안했어요. 그래서 주말이면 바비큐를 해주었죠. 처음에는 시중에서 파는 걸 사다 했는데 양념 범벅이었어요. 그래서 제대로 한 번 해보겠다고 레시피를 찾기 시작했죠."

거창한 동기를 기대했는데 뜻밖에도 순수한 부모 마음에서 시작된 일이었다. 세계 최대 규모 온라인 쇼핑몰 아마존에 들어가 보니 등갈비를 비롯해 수많은 바비큐 요리가 있었다. 미국에서는 바비큐 요리가 보편화되어 있어서 지역별로 대회도 자주 열리며 우승자는 슈퍼스타 대우를 받는다는 것도 새롭게 알게 됐다.

"아마존에 있는 바비큐 관련 책을 다 샀어요. 부드럽고 풍미 좋은 바비큐 레시피를 번역해서 다음 카페에 '아웃도어 요리 카페'를 만들어 공유하는 것부터 시작했죠."

카페를 통해서 미국 슈퍼스타 토마스 켈러가 운영하는 미슐랭 스타 레스토랑 메뉴 중 집에서도 기본적인 장비로만 소시지를 만들 수 있

수제햄, 베이컨, 소시지 등 이문기 대표가 오랜 연구를 통해 직접 개발한 음식들이다.

는 레시피를 골라 보급하기도 했다. 국내에서 바비큐 좀 한다는 사람들이 다 모여서 정기적으로 요리대회를 열고 시식회를 하면서 맛 점수를 매기고 순위를 정하기도 했는데 소시지 요리에 집중하다 보니 소시지라는 음식도 어떤 재료를 어떻게 배합하느냐에 따라 완전히 다른 맛을 내는 무궁무진한 가능성을 가진 요리라는 생각이 들었다. 본격적으로 소시지 만드는 공부를 다시 시작했다.

로마 군인이 먹던 코파햄이 아직도 이탈리아에 널리 알려져 있는 것처럼 오래 남을 수 있는 정말 맛있는 소시지를 만들고 싶었다. '아웃도어 요리 카페'는 수제 베이컨, 햄, 소시지는 물론이고 모닥불에 고구마를 굽고, 바비큐 그릴에 따끈한 스튜를 만드는 정보도 공유하며 자연 속 삶을 사랑하는 사람들의 모임으로 발전했다. 9천 명 가까운 회원이 가입되어 있으며 방문객들이 체험하고 쓴 후기들은 캠프

이문기 대표 부부가 손님들을 위해 바베큐 요리를 직접 하고 있다.

를 홍보하는 큰 재산이 되었다.

이 대표는 고령에서 살다 보니 현실적 인구감소에 따른 지역소멸을 걱정하고 있다. 고령 발전을 생각하면 지금은 민관협력이 절실히 필요한 때라는 생각이다. 생활인구를 늘리기 위해 귀농·귀촌을 위한 커뮤니티 활성화도 계획하고 있다. 소장하고 있는 음반 4천 장을 활용해 음악감상을 하고, 영화 관람, 팜파티Farm party, 포틀럭 파티Pot-luck party 를 하면서 지역민과 지역 생활에 대한 희망을 나누고 싶어 한다.

고령에 간 김에 바비큐 체험을 꼭 해보고 싶었다. 사열하듯 일렬로 늘어서 있는 수많은 바비큐 그릴을 보며 얼마나 많은 사람들이 이곳을 찾고 있는지 짐작이 갔다. 한꺼번에 많은 사람들이 몰려와도 걱정할 일이 없을 것 같았다.

특별히 제작한 그릴 속에는 소시지, 삼겹살, 고기와 양파, 파프리

카를 어울리게 꿴 꼬치, 버섯 등 바비큐 재료들이 가지런히 누워서 입맛을 돋우는 냄새를 피우며 익어가고 있었다. 마지막으로 훈연 과정까지 끝낸 바비큐가 식탁에 올라왔을 때 얼마나 맛있게 먹었는지 모르겠다. 서울에 있는 가족 생각이 절로 났다. 가족과 함께하기에는 이만한 곳도 없다고 생각하며 올해는 바비큐를 곁들인 캠프 체험을 하며 초롱초롱 빛나는 별밤 추억을 만들고 싶다.

팔만대장경을 이고 나르던 포구

고령 개경포 나루에서 낙동강을 만났다. 한국전쟁 당시 벌어졌던 낙동강 전투 이야기를 많이 들었기 때문에 낙동강을 부산 근처 어디쯤에 있는 강이라고 생각했다. 부족한 지리적 상식의 미약함을 쑥스러워하며 낙동강을 지도에서 찾아보았다.

낙동강은 강원도 태백시 함백산에서 발원하여 영남지방을 거쳐 남해로 흘러간다. 강 길이는 약 525km로 남한 지역에서 가장 긴 강이다. 강원도, 경상북도, 경상남도와 대구·부산광역시에 걸쳐 있어 우리나라 근대화와 산업화 동맥으로서 중요한 지리적 위치에 있다. 낙동강은 남해를 향해 흐르다 한반도 남부 내륙지방 경상분지에 있는 고령에 이르러서는 심하게 곡류하여 고령군의 동쪽 경계를 이루며 흐른다.

개경포는 조선시대까지 경상도 내륙지역 곡식과 소금을 운반하던

개경포에 설치된 팔만대장경을 운송하는 모습을 재현한 석상들.

포구였다. 뱃길이 너무 아름다워 옛 문인들이 시를 읊으며 뱃놀이를 즐기는 장소이기도 했다. 임진왜란 때는 의병장으로 활약하던 송암 김면이 개경포에서 궁중 보물을 탈취해 운반하던 왜적 1천6백여 명을 수장시키고 보물을 되찾은 현장이기도 하다.

민족의 수난과 역사를 함께 해 온 팔만대장경이 운반될 때는 강화도에서 서해와 남해를 거쳐 낙동강을 거슬러 온 배가 이 포구를 거쳐 해인사로 옮겨졌다. 영남 일대의 승려들이 경판을 머리에 이거나 등짐을 지고 열뫼재, 대가야읍, 낫질신동재를 거쳐 해인사까지 운반했다. 개산포(開山浦), 개포로 불리던 포구는 경전이 도착한 곳이라 하여 이후 개경포(開經浦)라 불리게 되었다. 개경포 공원에는 팔만대장경 이운(移運) 행렬을 재현해 놓은 조각상이 설치되어 있다.

개경포 강변에는 너울길이 조성되어 있다. 수많은 이야기를 품고 흐르는 강변 산책 후 개경포 주막에 들러 도토리묵, 감자전을 안주 삼아 막걸리 한 사발 들이켜며 낙동강 정서에 빠져보는 것은 어떨까.

은행나무 숲을 가꾸는 강변 지킴이

고령 다산면에는 개경포 나루와 비슷한 지형에 위치한 은행나무 숲이 있다. 고령 은행나무 숲은 낙동강변에서 풍경 좋기로 소문난 곳이다. 이 은행나무 숲은 1980년대 국내 한 제약회사가 은행 열매와 잎 추출물을 얻기 위해 낙동강 둔치를 임대해 조성했는데 경북 지역에서 은행나무 단풍을 가장 늦게까지 볼 수 있는 곳으로 전국에 알려져 만추를 즐기려는 관광객이 많이 찾는 곳이기도 하다.

이 은행나무 숲 근처에 차남마을이 있다. 차남마을 뒤쪽으로는 야트막한 야산이 있고 앞쪽으로 굽이쳐 흐르는 낙동강과 은행나무 숲이 있다. 강 건너에는 넓은 들판이 끝없이 펼쳐져 있고, 비슬산 영봉이 바로 앞에 마주하고 있어 그 수려한 풍광이 예로부터 유명했다.

차남마을에는 현재 50여 가구가 거주하고 있는데 주민 95% 이상이 전의 이씨 입향조인 반학정(伴鶴亭) 이복후(李復厚) 선생의 후손으로 이루어진 집성촌이다. 일가 간의 화목을 덕목으로 삼으며 300여 년을 이어왔다.

차남마을협동조합 이종열 대표를 만나 마을 이야기를 들었다. 차남마을협동조합은 이 마을을 찾는 방문객을 위해 먹거리, 놀거리, 체험 거리 등 자연친화형 체험 콘텐츠를 제공하기 위해 만들어졌다.

마을에는 이복후 선생의 호를 딴 반학정이 있다. 전의 이씨 재실(齋室)이지만, 관광지로도 이름난 곳이다. 반학정은 이복후 선생이 250여 년 전 현재 자리에서 2km 정도 떨어진 낙동강이 조망되는 곳에 지었는데, 세월이 흘러 흔적만 남게 되자 후손들이 이곳에 새로 지었다.

인경문(仁敬門) 현판을 단 솟을대문과 목조기와집 다섯 칸 팔작지붕에 아담한 건축물이다. 반학정은 수인당, 경모재 두 방과 대청마루에 반학정 중건기, 전의이씨세계도, 가훈은 문중의 가보를 넘어 소중한 문화유물로 느껴졌다.

'가전충효 세수인경(家傳忠孝 世守仁敬)'이라는 문중 가훈은 세종대왕이 효심이 지극한 강원도 관찰사를 역임한 후손 이정간 공에게 하사한 글이다. '충과 효를 가문에 전하고 어질고 공경하는 정신을 이어나가라'는 뜻이라며 대대손손 충효와 예절을 실천하는 가문임을 설명하는 이 대표 표정에는 자부심이 엿보였다.

마을을 찾는 방문객을 위해 먹거리, 놀거리, 체험 거리 등 자연친화형 체험 콘텐츠를 제공하고 있는 차남마을협동조합 이종열 대표를 만났다.

이종열 대표는 차남마을이 고향이다. 이 마을에서 태어나 자라고 도시에 나가 공부했다. 대구에서 학업을 마치고 직장생활을 하다 2016년에 고향으로 돌아왔다. 장남이라 노모를 편안히 모시며 고향을 지키고 싶어 돌아왔는데 '나갔다가 돌아온 놈'이란 별칭과 함께 경

인경문을 지나 안으로 들어가면 반학정이 모습을 드러낸다.

계인으로 귀촌인 대우를 받았다.

집성촌 특성상 변화에 수동적인 면이 있다보니 마을을 위해서 무슨 일을 해보려고 해도 자기 욕심 채우기 위해서 하는 것은 아닌지 하는 경계심 가득한 눈길을 받기도 했다. 이래서는 안 되겠다 싶어 주민 5명과 협동조합을 만들어 한국관광공사 관광두레 사업에 신청하여 주민사업체로 선정되었다. 주민들의 의견을 반영하여 사업을 운영하면서 주민들이 마을 개발의 필요성을 깨닫고 마을사업 공익성에 대한 이해를 높여가고 있다.

주민 대부분이 농사를 지으며 살았지만, 비만 오면 침수되는 지역이라 농사도 잘 안됐다. 벼농사를 지어도 물 조절이 잘 안되다 보니 수확량이 적을 뿐 아니라 생산된 쌀의 품질도 좋지 않아 그 쌀로 지은 밥은 맛이 없었다. 가을부터 배추, 단무지용 무와 약용작물인 향

부자, 결명자 등을 재배하여 약용작물은 대구 약전골목에 내다 팔아도 수입은 약했다.

농사 지어 자녀를 대구, 서울 등 대도시로 유학 보내고 뒷바라지하기 쉽지 않았다. 동네 주민들은 불안정한 삶을 술로 달랬다. 차남마을은 수리산 남쪽에 있다고 해서 옛부터 '수리내미'라고도 불렸는데 술냄새가 많이 나서 '술내미(냄새)'라고 부른다는 부정적인 인식이 있었다. 당시 강변마을 주민의 고단한 삶을 엿볼 수 있다.

수박, 멜론, 땅콩, 양파 등 돈이 되는 농작물을 재배하면서 농가 소득이 일어나기 시작한 것이 10년이 채 되지 않았다. 농산물은 대구 매천동, 부산, 울산 등 도매시장에 출하하여 대부분 도매유통을 한다. 지금은 참외 농사를 많이 하는데 마을 작목반에서 고소득 농사를 추천하고 있다.

이 대표가 어린 시절 동무들과 소먹이던 곳, 여름날 강변 고운 모래가 많았던 모래사장에서 모래찜질하며 물놀이하던 곳은 초등학교 2학년이던 1968년도 낙동강변 제방사업으로 사라졌다. 강가에서 자신의 지난날 체험을 섞어가며 강변의 역사를 설명하는 이 대표가 가리키는 손끝에는 동경하는 추억과 강변 애환이 서려 있었다.

은행나무 숲은 2011년 4대강 개발 사업으로 상전벽해가 되었다. 4대강 사업은 기후변화에 대비한다는 본연의 목적과 지역경제 활성화를 위한 수변공간 조성으로 최대의 관광 효과를 기대하며 추진되었다. 자연과 인간의 공생을 염두에 두었지만, 개발 당시 좋은 나무는

낙동강변에 조성된 은행나무 숲

모두 굴취하여 조경수로 사용되었다. 나무를 잘 자라게 하는 간벌이
아니라 크고 튼튼한 나무가 베어졌다. '굽은 나무가 선산을 지킨다'는
속담처럼 재목으로 뽑히지 못해 남은 은행나무가 숲을 지키고 있다.

차남마을은 은행나무 숲밖에 내세울 게 없다고 말하기도 하지만,
은행나무하고 강변 자원의 조화가 아름답다. 은행나무 숲 사이사이
빈자리에 나무를 더 심고 주변환경을 다듬어 숲이 우거지면 진짜 명
소가 될 수 있을 것 같다. 은행나무 숲 개발에 대한 이야기가 나오자
어떤 개발 계획을 세우고 있는지 궁금했다.

"자연 그대로를 지켜가는 게 일차적인 소명이라고 봅니다. 사람에게
최소한의 편의시설만 조성하고 은행숲과 갈대숲은 그대로 보전·유지

차남마을협동조합 이종열 대표

했으면 좋겠어요. 어릴 적에 보았던 흑두루미를 다시 만날 수 있기를
바랍니다."

이 대표는 고령군 8개 읍면 중 50%가 낙동강변이 생활 터전인데 강
변 문화가 미미하다며 아쉬워했다. 다산면은 조선 말기까지 성주군
벌지면에 속했다가 고령군에 편입된 터라 성주군과 왕래가 잦았다.
다리 하나로 강 건너 대구 달성군과도 왕래가 잦다 보니 그쪽에 발달
한 강변문화가 은근히 부럽기도 하다고 했다.

실제 강변 전망대에 서니 달성군 옥포면 일대와 달성군청까지 시야
에 들어왔다. 물길도 바뀌고 나무도 바뀌었다. 갈대숲, 미루나무, 버
드나무가 있던 곳은 은행나무가 자리 잡았다. 강에서 재첩 잡고 잉어
잡던 다산면민들 놀이터가 이제는 향수가 되었다.

4대강 사업 후 강물이 많아지니 일교차가 클 때는 물안개가 몽환적인 풍경을 만들었다. 그런 날이면 전국에서 사진작가들이 모여들고 있다고 했다. 확 트인 시야에 들어 온 풍경에 취해 발걸음을 옮기기가 싫었다.

차남마을에서는 매년 11월 초 생활문화축제가 열린다. 은행나무 숲에서 채취한 차남마을 특산품 은행으로 만든 은행와플, 은행약밥, 전통식혜는 물론 전통예절체험, 다산은행숲 힐링투어 홍보까지 한 자리에서 체험하고 홍보할 수 있는 좋은 시간이다. 은행와플은 특히 인기가 많아 밤 10시까지 줄이 이어지기도 했다. 은행나무 숲 축제에서 차남마을 부스에 들러 봉사활동을 해보고 싶은 생각도 들었다.

차남마을은 마을꽃길 사업으로 주변 경관을 정비하고 있다. 지역문화 밸런스를 잘 맞추면서 발전하는 차남마을을 기대하며 은행나무 단풍이 곱게 물들 때 강변과 조우하며 은행나무 숲길을 걷고, 자전거 길을 달리고 싶다.

정 붙이고 살면, 그곳이 고향

고령은 가보지 않았을 땐 아득하게 멀게만 느껴졌던 곳이다. 풍경으로 만난 대가야고분군은 경이로웠다. 그늘 하나 없는 몬당에 위치한 고분이, 700 기 넘는 숫자가 그랬다. 무덤 속에서 무량의 세월을 견뎌 온, 순장이란 이름으로 당시 문화를 따라 간 이름도 알 수 없는

낙동강변에서 어린 시절 풍경을 이야기하고 있는 이종열 대표.

사람들을 생각하면 그저 슬픔이었다.

그 슬픔을 함께 나누어 떨쳐버리자는 듯 동행한 퍼블리터 정재학 대표는 가방에서 김훈의 『현의 노래』 책을 꺼내 소리내어 읽기 시작했다. 마치 우륵이 환생하여 들려주는 듯한 책 소리에 우리는 경건을 넘어 침울했다.

해가 뉘엿뉘엿 넘어갈 무렵 건너편 고분에서 들려오는 악기 소리에 이끌려 자리를 옮겼다. 다시 우륵이었다. 가야금이 부르는 현(絃)의 노래를 들으며 조금 전까지 가슴속에 머물고 있던 슬픔은 하늘로 날아갔다. 두 번의 작은음악회를 즐기며 가야금 가락은 대가야고분군을 문화로 내 안에 자리 잡아 주었다.

긴 세월 오롯이 지켜온 전통에 고개 숙이면서도 마을회관에서 허리

굽은 어르신들이 밥상을 차릴 때나, 마당이 다가서기 힘든 풀밭이 돼 버린 빈집 앞에서는 개방이라는 단어가 아쉬웠다.

타향살이 하는 사람은 고향이 그립다지만, 실제 고향을 찾는 날은 얼마나 될까. 전국이 일일생활권이 된 세상에서 정붙이고 살면 그곳이 고향 아닐까 싶은 마음으로 도시인에게 제2의 고향을 만들어 줄 마을이 많아졌으면 좋겠다고 생각했다. 현지인과 도시인이 마음의 거리를 좁히는 시간이었다. 마음의 거리가 없다 싶은 곳으로 귀촌하고 싶다. 공기 좋은 자연에서 다시 하늘 바다에 빠지고 싶고 세상 부러울 것 없는 눈부신 위로의 시간을 만들고 싶다.

이귀보

사진 속 내가 낯선 순간이 있었다. 충격이었다. 그렇게 마주한 50대 어느 날. IT 개발자, 주부, 시민
활동가 말고 나로 살자. 손바닥 텃밭에 장은 익어가고 볕 좋은 마당에서 이불 팡팡 털고는. 평생
벗과 차 한 잔 마주놓고 각자 세계로 빠져드는 행복한 상상. 동년배와 협동조합을 만들고, 서로 기
대며 사는 세상을 꿈꾸며 그런 삶터 이야기를 찾아 나선다.

나를 찾아가는
또 다른 여정

아직도 꿈꾸는 전원살이

5년 전, 남은 인생을 나로 살고 싶은 사람들과 협동조합을 만들었다. 돈보다 가치를 실현하려는 사람들이 생각보다 많음을 보여주고 싶었다. 열린 시선으로 세상을 보고, 알을 깨고 나오듯 인생 N막을 설계하기를 바라는 마음이었다. 협동조합 이사장이 되고 강사로 퍼실리테이터로 행사 기획자로 뛰어다니다 보니 내 시간과 말에서 내가 점점 밀려나고 있었다. 이사장직을 내려놓았다.

오래 전 단체 활동이 인연이 된 사람들과 작은 모임을 한다. 수를 놓는 모임이지만 얼굴 보는 게 목적이다. 분주하게 손을 놀리면서 세상 돌아가는 이야기, 한 동네에 모여서 살자는 이야기가 화제다. 굳이 서울에 살 필요가 있겠냐, 의료시설을 생각하면 망설여진다, 누가 먼저 터를 잡아라 따라가겠다는 둥 복닥거리는 도시에 그닥 미련은 없다.

십여 년 전 실버타운 열풍이 불었다. 진안이니 괴산이니 지방 도시마다 실버타운을 만든다며 열을 올렸다. 박람회장을 기웃거리고 귀농을 할까 귀촌을 할까 남편과 터 잡을 곳을 찾아다녔다.

우선 텃밭 농사에 도전했다. 재미있었다. 아욱을 시작으로 상추, 고추, 방울토마토를 심었다. 여름 채소에 이어 무우와 배추도 심었고 그해에는 그걸로 김장했다. 금새 농부가 될 기세였다. 통풍과 물 빠짐이 잘되면 실한 고추를 얻게 되고, 이파리를 맘껏 펼칠 자리를 내어주면 아삭아삭한 채소를 먹을 수 있었다.

밭에서 따온 채소는 냉장고에서 일주일이 지나도 생생하다는 것을 그때 알았다. 뿌리가 갈라진 무우는 필경 모종이라니. 절로 무릎을 쳤다. 배우고 지어보니 누가 암만 의심스럽다고 말해도 유기농산물을 생산하는 농부가 있다고 믿게 되었고, 그런 농산물을 먹을 수 있게 해주는 분들께 고개를 숙이게 된다. 그때 터를 잡았으면 좋았을 걸.

제주에 홀로 여행하는 횟수를 늘리다가 2023년 새해 계획을 아예 열두 도시 한달살이로 정했다. 제주여행에 이어 남원 팬슈머 여행, 임실 워킹할리데이로 지역을 조금씩 알아가고 있다.

지난 봄 팬슈머 공부를 할 때였다. 고령에 가면 가야 문명을 고스란히 느낄 수 있다는 고령군청 공무원의 지역 소개에 호기심이 발동했다. 고령군 지도를 펼치자 대가야읍, 가야고분군, 우륵박물관 이런 단어들이 눈에 꽂혔다. 중고등학교 때 철기 문화가 어쩌고 육부족 연

가야 건국 신화에 등장하는 정견모주상(왼쪽)과 고령 고분군의 모습.

합체가 어쩌고 하던. 역사 속으로 사라진 곳이 내 눈 앞에 다시 살아났다. 고령, 꼭 가야겠다.

처음 접한 고령은 놀람이었다. 대가야시네마에서 본 대가야 건국신화, 하늘에 닿아 굽이굽이 펼쳐진 고분군, 그를 휘감아 돌다 붉은 노을 따라 퍼져가던 가야금과 기타의 현 사이에서 흐르던 신비함이라니. 고대 문명이라는 과거에서 자극받는 고령은 무한 상상력으로 신화에 빨려드는 미래 판타지 문화를 피워낼 것 같았다. 가야 문명에 빠져들어 고령에 터를 잡으면 어쩌나.

무뚝뚝한 경상도 남자의 진심

주섬주섬 옷을 챙겼다. 갑자기 뚝 떨어지는 밤공기가 맘에 걸린다. 파카를 꺼냈다. 아무리 환절기 날씨가 변화무쌍해도 파카까지 꺼낼 철은 아니지. 풍덩한 긴팔 티셔츠가 한 장 더 있으면 좋겠는데. 이런

저런 고민을 하며 행장을 꾸려서 이른 아침 길을 나섰다.

하늘하늘한 정견모주와 고분을 보니 고령이구나 싶다. 고분과 고분으로 이어지는 산마루를 따라 산책하는 사람들. 고대 유적을 품고 사는 고령 사람의 현실 세계는 어떨까. 오늘 만나는 예마을에서 그런 흔적을 느껴볼 수 있을까. 사뭇 기대해 보지만, 지난 봄 이곳을 찾았을 때 하루 묵었던 너무도 현대적인 숙소와 건물 분위기를 떠올리며 살포시 기대를 접고는 덕곡면으로 향했다.

예마을에 들어서니 넓은 운동장 너머 카라반이 보인다. 십오 년 전쯤에 남편이 SUV를 사면서 경치 좋은 바닷가에서 비박도 할 수 있는 차라며 뒷좌석을 펼쳐 보이며 신나했지만 그걸로 끝이었다. 카라반에 들어가 보니 이 정도면 일박이 아니라 한 달도 살겠다.

이층침대를 보니 호기심 천지인 두 녀석이 떠오른다. 유수풀에서 물놀이하고, 물놀이에 지치면 딸기 농장 체험하며 딸기 따 먹고, 셔벗 같은 딸기퓨레로 더위 식히고, 넓은 평상 테이블에서 바비큐나 차담으로 밤을 즐기는 젊은 부부와 아이들, 그리고 벼 익어가는 들판이 그려졌다.

오늘 만날 사람은 예마을 배철헌 사무국장이다. 한달 전쯤 고령을 방문했을 때 전체 방문객들을 대상으로 예마을을 소개하는 모습이 떠올랐다. 웃음기 한점 없던 표정이 어찌나 차갑던지, 아침부터 심기 불편한 일이 있었나 의아했을 정도였다. 소개 시간이 끝나고 마을을

예마을 유수풀 전경. 180m 길이의 자연 유수풀로 여름이면 인기가 매우 높다.

돌아보며 이것저것 궁금한 것이 있어서 물어보니 사근사근한 말투로
설명을 해주어 놀랐었다.

이번 여행에서는 별도로 만나서 지역에서 사는 삶은 어떤 것인지,
예마을에는 어떤 스토리가 담겨 있는지 좀 더 자세히 들어볼 수 있었
다. 또 그가 활짝 웃을 때는 언제인지, 지역살이 친구로 삼을 수 있는
지도 알아보고 싶었다.

예마을은 덕곡면 아홉 마을이 모여서, 마을권역 사업을 하려고 설
립한 영농조합법인이다. 예마을이란 이름은 덕곡면 면소재지인 예리
(禮里)에서 예자를 따온 것이. 2009년부터 2010년까지 1년 동안 1억
원이 넘는 출자금을 모아서 영농조합법인을 설립했고, 분교에서 폐교

예마을에 설치되어 있는 카라반 숙소. 이층침대에 테이블도 마련되어 있다.

가 되어 방치된 건물을 허물어 지금의 예마을을 조성했다.

> "서울은 지하철에 사람이 기절할 정도로 복잡하다고 하는데, 여기는
> 가로등이 없는 곳은 해지고 집이 있는지 없는지도 몰라요."

　절실하다는 말이 와닿았다. 말이 되든 안 되든 지푸라기 잡는 심정으로 사람이 왔다 갔다 하는 정도라도 만들어보려고 안간힘을 쓰는 게 아니냐는 말에 고개를 끄덕였다. 마을에 아기가 거의 없고, 그러다보니 고령군 전체에 소아과가 하나도 없다는 말에 심각성이 느껴졌다.
　중장년에게 지역살이는 로망이지만, 이곳에선 몸부림일지 모른다. 내 몸이 열 개라면 좋겠다는 엉뚱한 상상도 해보지만, 이곳에선 나보다 우리 아이들이 와주길 바랄 것이다. 하면 할수록 진심이 없으면 어렵겠단다. 뜻은 알겠는데 선뜻 나서지 못하는 사람들의 안타까움.

"일단 내가 묵고살아야 하는데 어쩌겠어요."

처음엔 돈도 나오지 않는 일이었다. 일을 시작한지 5년이 지나서야 처음으로 급여를 받을 수 있었다. 돈도 안 되는 일인데 할 일은 많으니 집안 일은 등한시할 수밖에 없었다. 그나마 자신이 운영하던 주유소를 아내가 맡아서 운영하며 지지해주었기에 가능했다고. 아내에게 정말 고맙다고 했다.

공공사업인 경우, 공무원들은 예산을 지원하고 나면 그만이지만 실제 그 시설을 운영해야 하는 주민 입장에서는 그 일에 파묻혀서 올인해야하니 진심 없으면 어렵다.

예마을의 최고 히트 상품은 여름에 개장하는 180m짜리 유수풀이다. 약품을 넣지 않고 인위적인 온도 조절 없이 자연수 그대로 흐르는 수영장이라 시즌이 되면 가족 여행객들의 인기가 높다. 배 국장은 찬물에서 놀면 그 해 감기 걱정은 없다며 가족 물놀이로 강추했다. 자연에 적응하는 몸으로 만들어 주는 자연 물놀이라니. 유수풀 운영에도 진심임이 느껴졌다.

카라반 사업도 하고 유수풀 사업도 하고 여러 가지를 하지만 그래도 '노가다복' 입고 마을 곳곳을 관리하는 순간이 가장 즐겁고 신나고 재미있단다.

웃으면서도 이상하게 명치끝이 찡해왔다. 상투적인 말로 들릴 법한데도 그가 말하는 진심이 이런 거겠구나 싶고, 그냥 그의 삶으로 다

예마을 배철헌 사무국장(왼쪽)은 시종일관 진지한 표정이었다. 사진 오른쪽이 필자.

가왔다. 환경 정리할 때 신나고, 체험객들이 방에 꽉꽉 차면 제일 좋고, 옆길로 새 본 일이 없이 예마을에 올인하는, 어찌 보면 숨 막힐 법도 한데, 자신이 지금 사는 게 고만고만해 보이지만 잘사는 친구가 크게 부럽지 않다고 한다.

"이 정도만이라도 유지하고, 우리 주민들이 편하게 사용하고 이런 게 좋은 거예요. 돈 욕심이 있으면 몬합니다."

그는 아침에 일어나면 바로 주유소로 달려가 1시간 정도 일을 하고 밥 먹고 바로 예마을로 온다고 했다.

"알바죠. 밥 얻어먹고 간식 얻어먹는 알바 해요"

무뚝뚝한 경상도 남자의 아내 자랑인가 사뭇 진지하기만 하던 배국장의 장난기 섞인 말과 표정에서 부인에게 집안일을 다 맡겨놓은 미안함과 고마움과 애정이 묻어났다.

예마을을 조성한 지도 이제 10년. 조그마한 축제를 하고 싶단다. 개인의 삶에 대해 질문을 던지면 예마을이 답이 되어 돌아온다. 앉으나 서나 당신 생각. 당신은 예마을이다. 졌다!

"시골이다 보니 선입견이 있습니다. 마을에 오래 사신 분들은 외부인들 만날 기회가 드물고, 특히 지금 오신 분들은 더더욱 만날 기회가 없었어요. 우리 경상도 알죠? 말 안 하는 거. 인센스가 있는 거. 늘 이런 부분을 이해하셔야 하는데. 서로 말을 풀면 굉장히 뜨겁습니다. 마음은 다 뜨거운데 처음이 항상 제일 어렵거든요."

지난여름 전북 임실에서 워킹홀리데이를 했던 기억이 떠올랐다. 7월 중순에서 9월 중순까지 두 달 동안 매월 열이틀 이상 지역에 체류하면서 매칭된 사업장에서 일을 거들고 나머지는 자유롭게 지내는 프로그램이었다. 첫 달은 숙소를 아예 한 달 짜리로 얻었다.

아침에 마을 산책을 하다 보면 동네 분들을 마주치겠지. 그럼 인사도 나누고. 일주일쯤 지나면 어쩌면 안면을 트는 사람이 생길지도 몰

라. 그렇게 자연스러운 관계 맺기를 상상하며 호기롭게 새벽 KTX
에 올랐었다.

그러나 짐 풀고 이틀 만에 일단 철수했다. 마을과 떨어진 텅 빈 숙
소, 벼락 맞아 멈춘 에어컨과 인터넷, 아침 산책길에 마주치는 사람
없고, 동네 사람과 가급적 말 섞지 말라는 조언. 결국에는 동네랑 친
해 볼 생각은 접고, 서울을 오가며 임실 곳곳을 여행하고 블로그에 후
기 남기는 방식으로 워킹홀리데이를 즐겼다.

다시 이야기로 돌아와서 배 국장의 얼굴에서 간간이 도는 화색이
반가웠다. 그가 말한 경상도 인센스가 시작된 걸까. 그는 "아무리 작
은 일도 정성을 다해서 하겠다"면서 끝까지 진심을 내려놓지 않았다.

화기애애한 대화 분위기에 좀 풀어질 만도 한데 초지일관 진심이
다. 진심에 진심인 남자 배철헌, 진심 어린 예마을 일꾼이다. 그가 웃
는 표정을 사진에 담고 싶었다. 다음에 만나면 그럴 수 있을까. 고분
에 이어 고령에 올 핑계가 하나 더 생기는 것 같다.

"처음 만나 이야기할 때, 썽내는 게 아니에요. 인상이 그런 거예요"

흔히 경상도 사람을 무뚝뚝하다고 표현하는데, 오늘 얘기 나눠보니
무슨 말인지 알겠다. 고령에 작은 실 하나 이어진 느낌이다.

고령 최고의 딸기청을 만드는 젊은이

아침 공기를 쐬자! 장지문을 열었다. 창밖 뒤란이 온통 대나무숲이다. 연둣빛 연한 대숲이 하늘하늘 아침 공기를 보낸다. 오늘은 청년 사회적 기업가를 만나기로 한 날이다.

다산면 상곡리로 향했다. 동쪽으로 달리다 보니 낙동강이 나타났다. 아침 햇살을 담은 너른 강물 곁을 따라가며 상념에 빠져들었다. 어디에 살던 청년이기에 서울에서 보면 멀기만 한 경상도, 그것도 한적한 지방 고령에 왔을까. 그 청년은 우리에게 어떤 눈길을 보내올까. 어른이라서 마지못해 응하면 어쩌나. 떠나보낸 화살에 침묵을 피해볼 질문을 한 바닥 품고 나섰으나 호기심 반 두려움 반이다.

어느새 다산면 행정복합타운이다. 낙동강 건너편은 대구시 달성군이다. 길 건너 아파트 단지를 끼고 있는 작은 길에 조립식 단층 건물이 줄지어 있다. 하얀 돌출 간판에 영문 H.가 보였다. 하얀 원피스에 검정 니트 차림을 한 젊은 여성과 눈을 마주쳤다.

카페 H.테이블 김유진 대표는 깔끔한 몸차림처럼 가게도 군더더기가 없었다. 젊고 야무진 차가운 도시 여자, 차도녀 느낌을 주는 젊은이였다.

김 대표는 제주도 출신으로 전주에서 공공기관에 근무하다 우연히 경상북도에서 실시하는 공모사업 '도시 청년 시골 파견제'에 대해서 알게 됐다. '도시 청년 시골 파견제'는 행안부 사업으로 청년 인구 감소를 막기 위해 자립을 지원해주는 제도다. 사회 초년생 입장에서 뭔가 도전해 보고 싶은 생각이 들게 했단다.

마침 지금은 남편이 된 당시 남자 친구가 이 지역 사람이어서 고령을 선택했다. 공모사업 1호로 고령에 이주한 지 6년차다. 당시 고령군에는 김 대표를 포함해서 모두 4명이 지원했는데 지금은 자신을 뺀 나머지 사람들은 모두 사업을 접은 것 같아서 외롭다고 한다. 다들 힘들게 결정하고 애써서 준비했을 텐데 중도에 그만두게 된 것이 안타깝게 느껴졌다.

"아이템이 좋아도 수요가 있어야 하는데 그게 어렵죠."

그나마 김 대표는 카페였기 때문에 버틴 것 같다고 했다. H.테이블에서는 지역 농산물을 활용한 수제청 음료를 판매하는데, 여기에 커피를 곁들여서 판매를 했기 때문에 생존할 수 있었던 것 같다고 했다. 수체청을 팔고 싶지만 그렇다고 그것만 고집해서는 아마 어려웠을 것이다. 하고 싶은 것과 팔리는 것은 다른데 사회생활이 길지 않은 청년들이 그런 것까지 생각하긴 어려웠을 것이라고 한다. 작은 몸집에서 뿜어져 나오는 사업가 포스라니. 6년간 녹록지 않은 환경을 헤쳐 나온 힘이 느껴졌다.

창업 아이템으로 선택했던 수제청은 평소 취미로 만들던 것이었다. 제주도가 고향인 김 대표는 엄마한테 보내 달라고 해서 만든 청귤청

낙동강 넘어 대구 시가지가 보인다.

을 주변에 선물했더니 다들 좋아하기에 플리마켓에 나가서 팔았더니
잘 팔렸다. 청귤에 꽂혀서 레몬이나 이런저런 것을 섞어보며 레시피
를 개발했다. 평소에 선망하던 수제청 전문가에게 컨설팅도 받아서
메뉴를 짰다. 그렇게 김유진표 수제청이 탄생했다.

"이건 그냥 딸기청이 아니에요."

자신이 직접 개발한 고령 딸기청에 대한 자부심이 대단했다. 먹어
본 사람들이 고령에서 제일 맛있다고 입을 모아 칭찬했다고 한다.
그 맛이 무척이나 궁금해서 먹어보고 싶었는데 지금은 철이 아니란

(좌) 커피를 내리고 있는 김유진 대표. (우) 김유진 대표(왼쪽)와 필자(오른쪽).

다. 설탕 맛을 덜 내려고 심혈을 기울여서 개발한 결과, 쫀득한 딸기
가 살아 있는 딸기청을 만들게 되었다. 식감을 살리다 보니 시즌에
만 파는데, 12월 중순부터 7월까지가 그 시즌이다. 이때 주문하면 먹
어볼 수 있겠다.

올해는 오란다로 예비 마을기업이 되었는데, 앞으로 한과 제조업
으로 넘어갈까 생각하는 중이라고 했다. 엄마가 자주 만들어 주었던
깨강정, 콩강정을 생각하며 우연히 오란다를 만들어 봤는데 반응이
생각보다 좋았다.

그래도 시장 검증은 아직 더 해봐야 한다며 사업가다운 신중함을

보였다. 어릴 때 익숙한 맛. 요리 좋아하는 자격증 많은 엄마. 타고난 요리사라는 생각이 들었다. 특히 오란다를 개발할 때는 고령에 계신 시어머니의 도움을 많이 받았다.

"연륜에서 나오는 경험과 지혜를 아이템 개발할 때 많이 여쭤봐요. 오란다 같은 거 비율도 같이 고민해서 나온 결과물이거든요. 어머님은 비즈니스를 하고 싶어 하시는데, 제가 아직 선뜻 손을 못 내밀고 주시는 아이디어만 받아먹고 있어요."

카페 H.테이블에서는 오프라인뿐 아니라 인터넷이나 인스타그램으로 주문받아서 판매한다. 오란다가 인기인데 명절마다 주문량이 많아서 온라인 판매를 늘리는 게 목표다. 가게에 매인 시간을 줄여서 아이 키우며 생기는 돌발 상황에 대비하면서 사업 개발도 하고 싶다. 직원을 둘 만큼 매출이 늘어나면 더 좋겠다고 하는 김 대표.

오전 11시부터 오후 5시까지 영업을 한다. 처음에는 좀 더 일찍 시작해서 밤 늦게까지 문을 열었다. 밤에는 사람이 안 다닌다는 걸 미처 몰랐다. 베드타운 같은 동네인데 그 특성을 모르고 무조건 밤까지 해야 한다는 생각으로 몇 년을 밀어붙였다.

카페 안에서 된장찌개 냄새나면 안 된다는 생각에 맨날 강정 먹고 과일 바나나만 먹었다. 그렇게 밥도 못 먹고 하다가 한 달 정도 몸져 눕기도 했다. 시간을 조절하고 나니 살만해졌다.

한 청년이 낯선 지역에서 카페를 열고 아침부터 밤늦도록 끼니도 제대로 못 챙기며 얼마나 노심초사했을지 그 광경이 눈에 선하다. 안쓰럽고, 이겨낸 그가 대견했다. 김 대표는 왜 그곳을 택했을까?

기존 상가들이 섞여 있으면 자신의 아이덴티티가 묻힐 것 같았다. 지역에 새로 들어왔으니 새로 상권이 생기는 곳을 선택했다. 옆 상가가 다 빈 상태로 혼자서 한 2년 했는데, 새로 난 길이라서 동네 사람들이 잘 몰랐단다. 처음에는 아파트 젊은 층이 오가겠지 했는데, 웬걸 할머니만 지나가셨다. 알고 보니 젊은 층이 거의 없었던 것. 아파트에는 연세가 많거나 초등학교 전까지 애기 키우며 돈을 모아서 대구 같은 도시로 나가려는 신혼부부가 많다는 걸 차츰 알게 되었다.

카페 손님은 주로 아기 엄마와 인근 회사원으로, 직원들이 편하게 차 한잔 즐길 수 있는 거리감 때문인지 단골이 꽤 늘었단다. 아닌 게 아니라 근처에 농협과 면사무소가 있다. 그리고 인스타그램 신상 카페 소개하는 핫한 분들이 찍어가서 블로그에 올려주고, 근처 관광지인 사문진나루터나 화원유원지에 놀러 왔다가 들어오기도 한단다.

지금은 아이 키우며 운영하기 좋아서, 큰 욕심 안 내면 5년 정도는 계속할 것 같다며 웃었다.

"고령에 산다는 느낌이 별로 안 드는 게 동네에 맨날 다니는 파란색 버스가 대구 버스에요. 여기 사는 사람들은 다 대구 산다고 해요. 그래도 혜택은 고령에서 많이 받고 있죠. 초등학교 엄마들이 제일 좋아하는 승

H테이블의 카페라테와 디저트.

마 수업 같은 게 다 무료더라고요."

　김 대표가 고령을 택한 건 5분만 가면 대구라서였다. 대도시와 가까우면 겁도 좀 덜 나고 아주 시골살이는 아닐 거 같았는데, 와보니 시골이란다. 지금도 소똥 냄새를 맡으면서 출근했다. 그런데 정말 조용하니 마음이 편안하고, 다 걸어서 다닐 수 있고, 아기 키우기에 좋은 장점이 수두룩했다.

　대구는 아이들 돌봐주는 선생님 구하기도 어려운데 여기서는 그런 염려 없이 집에 와서 돌봐준다. 아이가 어린이집에서 하원 해도 자신은 계속 일할 수 있다. 알고 보니 이런 서비스는 경북에만 있다. 맞벌이 부부에게는 소득 불문하고 전액을 다 지원해 주는 아이 돌봄 서비스도 전액 지원은 경북뿐이란다. 다른 지역 사는 친구만 봐도 자부담이 세다. 이런 혜택을 누려보니 경북에 아기가 없고 사람이 없는 게 진짜 심각하다는 것도 느꼈단다.

창업 초기엔 문이 슬라이딩이 아니고 앞뒤로 여는 거였는데, 한겨울이라서 바람이 세게 불면 문이 막 열렸다. 코로나가 터지니까 사람 한 명 없고 매출 0원이었다. 한 이틀 0원인데 바람은 세차게 불지 문은 계속 열리지. 매장은 지키고 있지만 손님이 오면 반갑지만 무섭고 너무 서럽던 게 기억에 생생하니 몸에 막 느껴진단다. 그래도 그 시기를 넘기니 상황은 바뀌었다.

"대구는 집합 금지가 있었어도, 여기는 7인까지 가능 5인까지 가능 그런 게 있어서 사람들이 여기로 오는 거예요. 생각지 못했는데 여기가 꽉 찬 적이 많았어요. 대구에서 못 모이니까 여기로 왔는데, 사람들은 그걸 피해서 왔는데 여기가 꽉 차 있으니까 무슨 일이야 놀라고. 재밌었어요."

처음엔 지원 사업을 통해 지원금을 받은 것에 대해 이상한 시선이 느껴질 때도 있었다. 잘 모르는 사람들이 지나가는 소리로 "지원금이 내 월급보다 많지?"하며 툭 한 마디 던지고 가기도 했고 어디 신문에라도 한 줄 나오면 그걸 들고와서 쑥덕거리기도 했다.

장난처럼 하는 말이지만 가슴이 철렁했고 어떨 땐 막 울면서 장사를 한 날도 있었다. 뭔가 받지 말아야 할 것을 받은 것처럼, 죄지은 사람처럼 느껴졌다. 군청에서 인터뷰를 해간 것도 뉴스에 나오게 되면 내려달라고 부탁하고 했단다. 새로 이주해가도, 외지에서 귀향해도, 원래 살아왔어도 모두 탈이 되는 이상한 현상. 25살 청년이 겪기엔 너무 생소하고 힘겨웠다.

친한 분들이 만나자마자 '둘째 낳아야지' 이런 말. 처음에는 스트레스였지만 그게 대화 방식이고 친근한 방식, 한국 사람들이 '밥 먹었어?' 하는 대화 방식이라고 이해하게 되었다고 했다.

김 대표는 자신이 "나를 찾아가는 여정에 있는 엄마"로 소개되고 싶다고 말했다. 그리고 아직 20대라고 소개되고 싶단다. 20대는 여전히 뭔가 자신을 찾을 기회가 있는 시기라고 생각한다. 그래서 나를 찾아가는 여정을 열심히 하고 있는 엄마로 살고 싶다. 엄마이지만 자기 계발을 잘해서 나중에 40대를 정말 가치 있고 훌륭하게 보내고 싶은 욕심이 진짜 크기 때문이라고 했다.

나는 김 대표를, 자신을 찾아가는 여정에 열심인 20대 대표 엄마로 소개하고 싶다. 가족들에게 집밥을 정성껏 해서 먹이고 싶고, 일도 놓치고 싶지 않은 당찬 청년. 아이가 건강할 레시피를 개발하고 싶은 엄마이기 때문이다.

다시 찾아와
머물고 싶은 곳

신동춘

오랜 기간 광고영업맨으로 살았다. 신문사와 광고대행사에서, 국내뿐만 아니라 중국에서도 일했다. 어울리고 새로운 일을 꾸미는 것을 좋아한다. 누군가의 격려에 용기를 얻어 도전한 결과 뜬구름 잡는 이야기가 현실이 되었다. 문화해설사, 스토리텔러, 스포츠지도사 , 예순 전후에 생긴 타이틀이다. 빛바랜 꿈에 색을 입히고, 호기심 많은 친구와 따뜻한 자극과 격려를 나누며 살고 싶다.

고령이면
가능할지도 모르겠다

여기까지 오게 된 이유

방안에 퍼진 햇살이 따스해 마음이 편했다. 고령에서 맞이한 첫날 아침의 느낌이다. 낯선 방이지만 나른하고 편안한 느낌에 한참을 방바닥에 뒹굴거렸다. 방학이면 일주일이고 이주일이건 머물다 온 외갓집에서의 기억부터 시공을 초월해 자유롭게 다니는 지금까지 여러 장면을 떠올리다 왜 여기까지 왔지 하는 의문이 들었다.

퇴직 후 한동안 카페를 운영했었다. 단골손님인 학생들, 이삼십 대 직장인과 이야기하는 것이 즐거웠다. 평소 고지식하다는 평을 받던 내가 스스럼없이 세대를 넘어 어울리는 것을 보고 놀랐다. 100세 시대라는 노래가 유행하던 시절, 남은 인생을 어떻게 살아야 할까 가끔 생각해 보았지만, 그때뿐이었고, '하고 싶은 것을 하면서 살자'고 했지만, 딱히 하고 싶은 것이 없었다. 관성처럼 공부하러 다녔고 숲해설 가가 되고 문화관광해설사가 되었다. 관심의 폭이 넓어지면서 방송 통신대학교에 편입하여 본격적으로 공부하였다. 평생교육사가 되고 사회공헌활동에도 적극적으로 참여했다. 어느덧 어울리고 배우는 자세가 자연스럽게 몸에 배었다. 구성원의 성별, 나이와 상관없이 호기심을 자극하는 모임에 참여하고자 노력했다. 독서 모임에 유일한 남성으로 참여하기도 했고, 여러 군데 스터디 그룹에도 가입했다. 독서의 폭을 넓히고 타인의 시선을 느끼면서 균형감각을 유지하고픈 욕구가 있었다. 돌이켜보니 끊임없이 배우러 다니고 어울리는 이유는 급격히 변화하는 세상과 소통하는 기술을 익히고 자극받기 위해서였던 것 같다.

우연처럼 작은 호기심으로 시작한 것이 또 다른 우연을 새로운 도전을 하게 만들었다. 꿈을 다시 꾸니 마음이 젊어지고 몸에는 에너지가 넘쳤다. 바쁘게 꿈을 쫓아다녔다. 잘살고 있는 줄 알았다. 아직 건강하신 부모님, 수시로 만날 수 있는 친구와 가야 할 곳과 배우고 싶은 것들이 있었기 때문이다. 코로나 기간, 가까운 사람들이 아프고 시들어가고, 평생을 볼 것 같았던 친구가 갑자기 곁을 떠났다. 예기치 않은 일이 하나, 둘 생기면서 견고했던 나의 삶에 의문이 생겼다. 총천연색으로 빛나던 세상이 가끔은 잿빛 색깔로 보였다.

일을 줄이고 천천히 주변을 돌아보았다. 걸음을 늦추니 오히려 몸이 기우뚱거렸다. 다시 과거로 회귀한 양 '삶이 녹록하지 않구나'하는 생각이 잦아졌다.

얼마 전 딸내미 결혼식에 참석차 올라온 지인이 생각났다. 외국계 기업에만 종사해온 그는 말 그대로 자유로운 영혼의 소유자다. 50대 후반에 아무 연고가 없는 경상북도 봉화에 터를 잡은 그의 집에 하룻밤 묵고 온 지 오 년 만의 해후였다. 술잔이 오가는 횟수만큼 이야기는 밤늦도록 이어졌다. 귀촌을 결심하고, 귀농학교를 다니며 준비하고, 살 곳을 찾아 전국을 돌아다니고, 이웃을 사귀고 정착하기까지의 과정은 몇 번이고 들었어도 여전히 재미있었다. 시골 일이 바쁘다며 아침 일찍 문을 나서는 지인의 발걸음을 보며 십 년이면 강산도 변한다는 말이 실감 났다. 경쾌한 걸음걸이에 실린 자족의 여유를 느꼈다.

'맞아! 그래서 여기까지 오게 된 것이구나.'

지금의 내 모습, 십 년 전에는 전혀 상상도 못했었다. 앞으로 십 년 후 어떤 모습으로 변할지 궁금하다. 지인의 삶이 한편 부럽지만, 감히 엄두가 나지 않는다. 정해진 길이 없었기 때문에 고령까지 왔고 새로운 곳도 찾아가고 이곳도 다시 올 것이다. 이렇게 어울리며 낯선 곳을 찾아다니고, 마음 가는 곳을 좇아가고 하다 보면 길이 생기겠지.

고령군민이 되어주세요

"고령에 오시면 자주 얼굴 보게 될 거예요."

수화기 너머로 들려온 목소리가 맑고 또렷했다. 고령에 도착한 첫 날 점심 식사 장소에서 첫 인사를 나눈 고령군청 인구정책과 신상진 과장은 50대 중반이라는 나이가 느껴지지 않을만큼 젊고 활력있는 표정이었다. 여행에 앞서 지난 여름, 서울에서 만나 고령군에 대한 설명을 직접 해준 적이 있는 인구정책팀 최민석 팀장과 김지혜 주무관과도 반갑게 인사를 나누었다. 명함마다 새겨진 "살기 좋은 고령입니다. 고령군민이 되어주세요"라는 문구에 그 절실한 마음이 느껴졌다.

그렇게 잠시 인사를 나눈 후 본격적인 대화는 다음날 오후 중화저수지 인근 카페 〈비올댓〉에서 이루어졌다. '경상북도 군 단위에서 소득이 가장 높다 하더니 예쁜 카페도 많네' 하고 알아보니 대구에서도 많이 찾아오는 유명한 곳이었다. 저수지 옆으로 산책로가 잘 조성되어 있고, 주변 자연경관과 잘 어울려 조금 무거운 대화를 나누기에 오히려 오히려 적당해 보였다.

고령군 인구정책과는 지역소멸위기 극복과 인구문제 대응을 위해 2022년 10월 15일에 처음 신설됐는데 신기하게도 신 과장을 만난 날이 딱 1주년이 되는 날이었다. 나름 의미 있는 날이지만 녹록하지 않은 현실에 마음은 조금 무거웠다.

아름다운 풍경의 카페 비올댓에서 고령군청 인구정책과 신상진 과장(오른쪽)과 이야기를 나누었다. 왼쪽이 필자.

　2023년 9월 말 기준 고령군 인구는 3만 127명으로 그야말로 인구 절벽의 낭떠러지에 서 있는 형국이다. 고령군에서만 25년 넘게 근무한 신 과장은 담담하게 고령군의 상황을 소개하고 추진 중인 사업에 관해 설명했다. 사실 인구감소 문제는 고령군만의 문제가 아닌 국가 전체의 당면 과제이기 때문에 기초자치단체에서 해결책을 찾기란 무척 어렵다.

　전국의 인구감소지역 지방자치단체마다 추진하고 있는 정책은 비슷하다. 예산 집행 금액의 차이만 있을 뿐 전입자, 결혼과 출산, 임산부와 영유아, 아동 양육, 청년 정착, 귀농·귀촌 등에 대한 지원이 이루어지고 있다. 그런 분위기 속에서 지자체들은 나름 특색 있는 정책을 개발하기 위해 노력하고 있다.

고령군에서는 '고령 사랑 주소 갖기 운동'과 함께 전입 장려금 및 주택대출 이자 지원 등 단기 대책부터 지역 주민의 정주 여건 개선을 위한 장기대책을 포함한 농촌 마을 종합개발사업을 위해 2019년부터 2026년까지 700억 원의 사업비를 투자하고 있다.

고령군의 인구 유출이 가장 심한 연령대는 '18세부터 40세 미만'으로 젊은층의 유출이 극심하다. 좋은 일자리의 부족이 가장 큰 원인이며 공무원이나 교사, 은행원을 제외하면 안정적인 일자리가 없어 젊은 사람들이 대도시로의 탈출을 꿈꾼다고 말한 고령군신활력플러스 추진단의 20대 젊은이 정슬해 매니저의 말이 떠올랐다.

그럼에도 지역에 남아 상생을 도모하는 젊은이들이 고맙다며 월세 및 창업 지원 등 청년지원정책을 설명하는 신 과장의 목소리에는 약간의 아쉬움도 담겨있다. 청년들이 고령에 정착하고 자립할 수 있는 환경을 만들기 위해 노력하고 있지만 도시와의 격차는 어쩔 수 없기 때문이다.

청년층의 지역 정착을 지원하기 위해 주거, 문화, 복지 등이 결합된 청년귀농복합타운, 청년농촌보금자리사업을 위해 200억 원의 예산을 지원할 계획이다.

고령은 대구와 붙어 있어 대도시 접근성이 좋고 대가야 문화권이라는 문화적 배경 때문에 은퇴자의 구미를 당기는 요인들이 분명 있다. 은퇴자를 위한 농촌체험형 주택인 클라이카르텐(경북형 작은 정원)사업과 신활력플러스 사업도 신 과장이 꼭 완수하고 싶은 사업이다.

고령은 대구와 붙어있어 접근성이 좋고 대가야 문화권으로 은퇴자의 구미를 당기는 특성이 있다.

농촌 살아보기, 주말농장 체험을 위해 고령군 우곡면 포리에 70억원의 예산을 투입해 체험시설을 건설하고 있으며 2024년 12월 준공을 목표로 조성 공사가 한창이다. 도시 사람들에게 지방에 제 2의 생활거점을 마련해 체류할 수 있도록 하는 이런 사업은 은퇴자의 유입효과를 기대할 수 있을 것으로 보인다.

이 사업이 성공적으로 진행되면 은퇴자의 가족과 친지들이 찾아오면서 자연스럽게 생활인구의 증가와 함께 청년층의 유입도 기대할 수 있을 것으로 보인다.

신 과장과 대화에 집중하다 보니 주변 경관을 제대로 감상하지 못한 것 같아서 눈길을 돌려보았다. 중화저수지를 끼고 데크 길이 잘 조성되어 아름다운 경관에 산책은 물론이고 요즘 유행하는 멍때리기도 좋아 많은 사람이 찾아온다고 한다. 카페를 나오며, 혹시 이곳에서 멍때리다 보면 '탁'하고 기발한 아이디어가 떠오르지 않을까 하는 상상을 하며 피식 웃었다.

무심코 튀어나온 말, '편안하다'

고령에서의 두 번째 밤을 지낸 대가야 생활촌, 이곳은 5세기 대가야 생활상을 재현한 테마공원으로 역사체험 시설부터 식당, 한옥과 초가집으로 구성된 숙소 등이 들어서 있다. 야외에서 저녁 만찬이 차려졌다. 여행 중 맞는 모처럼 여유로운 시간이다. 식탁에는 고령에 대한 감상부터 만난 사람들, 하고 싶은 것들, 이야기가 넘쳤다.

식사를 마치고 캄캄한 밤길을 걸어 숙소로 돌아가는 길, 분명 처음 온 곳임에도 낯선 느낌이 안 든다. 어릴 적 외갓집 동네에서 또래 집에 마실갔다 돌아가던 느낌이었다. 눈부시게 빛났던 별들을 생각하며 고개를 들었다. 아직 밤하늘을 수놓은 별이 드문드문하지만 내 마음은 이미 별천지다. 따끈따끈한 온돌방에 눕자마자 무수히 빛나는 별들이 펼쳐졌다. 이틀 연속 빈틈없는 스케줄로 여러 사람들을 만나고, 체험활동을 하면서 바쁘게 다녔지만, 아침을 맞는 몸은 가벼웠다.

고령군신활력플러스추진단의 허환성 사무국장(왼쪽)은 젊은 나이이지만 다양한 경력을 갖고 있다.

다음날 아침 일찍 일어나 유유자적하게 생활촌을 한 바퀴 돌고 나서 동트는 하늘을 향해 팔을 벌렸다. 크게 심호흡을 하고 나니 무심하게 '편안하다'라는 말이 튀어나왔다.

이날 오후 청년 커뮤니티 공간인 '드루와락(樂) 카페'에서 만난 고령군신활력플러스추진단의 허환성 사무국장은 에너지 충만하고 흥미진진한 이야기를 갖고 있었다.

만나자마자 노트북을 펼치더니 본인 소개 PPT를 보여주는데 참 독특한 이력을 갖고 있었다. 특수무기 전문가로 5년간 군대 생활을 했었단다. 카투사 출신의 할아버지 형제부터 부사관이었던 아버지와 간호장교 출신 어머니 영향으로 자연스럽게 군인의 길을 걸었는데 갑작스러운 아버지의 죽음과 폐쇄된 조직에 대한 번민 등으로 5년간의 군

생활에 마침표를 찍고 전역을 하게 되었다.

그동안 억눌려 있던 끼가 분출한 것이었을까. 한동안 서울 강남의 클럽에서 DJ 생활을 하기도 했다. 와우, 기가 막힌 반전이다. 그렇지만 아직도 가야 할 길은 정해지지 않았다. 고민 끝에 서울 생활을 청산하고 고령에 내려와 어머니가 운영하는 회사에서 일을 시작했다.

2018년 청년창업 지역정착 지원사업인 '도시 청년 시골 파견제'에 지원해 선발되면서 잡초 무성한 폐교인 우곡초등학교 분교를 정비해 애견카페와 캠핑장을 열었다. 고령 정착을 위한 첫발이었다. 2020년 9월부터는 고령군신활력플러스추진단 업무에 관여하게 되면서 애견 카페와 캠핑장은 어머니와 여동생이 운영하고 있다.

농촌신활력플러스 사업은 2023년 현재, 100개의 지방자치단체에서 실시하고 있는 국비 사업으로 고령군의 경우 2020년부터 2024년까지 5년간 총 70억 원을 투입해 '도시의 젊음과 농촌의 자연이 상생하는 대가야 고령(도농 상생)'를 만들어가고 있다. '액션그룹'이라고 불리는 주민 조직 사업 주체를 육성하고 이들을 중심으로 농촌 자원을 기반으로 한 참신한 아이디어를 도출하고 이를 실현할 수 있도록 지원한다.

지역에 새로운 활력을 불어넣어 자립 성장 기반을 구축하는 것이 당면 과제이자 목표다. 따라서 지역 발전을 위한 인프라 조성뿐만 아니라 지속적인 발전 전략을 실천해나갈 수 있는 '사람과 조직'을 육성하고 지원하는 것이 중요하다. 허 국장은 농촌신활력플러스 사업의 경상북도협의회 부회장직도 맡고 있다.

허 국장은 담당 업무를 맡고 나서 우선 주민들을 대상으로 농촌신활력플러스 사업에 대한 설명회를 열어서 주민들에게 관련 내용을 전하고, 설문 조사를 통해 주민들의 의견을 들었다.

주민들은 일자치 창출 사업 발굴, 농촌체험 활성화 및 네트워크 강화, 도시와 농촌의 교류, 로컬푸드와 먹거리 활성화, 창업 교육 기회 확대 등을 희망했으며 그밖에도 주민들간의 소통을 위한 공간 마련, 젊은 층을 위한 관광상품 개발 등에 대한 희망도 있었다.

주민들의 욕구를 반영해 사업추진 방향을 설정하고 사업의 주체가 될 액션그룹 인력 양성을 위해 도농 상생 아카데미를 운영했다. 물고기를 잡아서 주는 것보다 물고기 잡는 방법을 알려주는 것이 더 중요

고령 생활인구 유입을 위한 첫걸음으로 1시군 1생활 인구 특화 프로젝트를 진행했다.

한 것처럼 지역주민의 역량 강화에 집중한 것이다.

아카데미를 통해서 적게는 21살부터 많게는 70대까지로 구성된 액션그룹 200명을 양성했다. 40~50대가 주축인 액션그룹이 대부분이지만, 순수하게 청년으로 구성된 조직도 두 팀이 있다.

수치로 보여줄 수 있는 성과들이 속속 나왔다. 140여 개에 달하는 상근, 비상근 일자리들이 생겼고 지역활동가, 로컬크리에이터 등 새로 탄생한 전문 인력도 60명에 달한다. 로컬푸드 등 상품화에 성공한 것도 15건이었으며 창업지원아카데미 등을 통해 12명의 창업자와 청년창업가 6명을 배출했다. 2023년 9월까지 팸투어 및 살아보기 체험 이용객이 1만 9천여 명에 달한다. 코로나 여파가 아직 남아있는 와중에 달성한 성과라 더욱 값지다.

힐링프로그램, 컬처 라이프 프로그램 등 스스로 도출한 사업 모듈이 하나 하나 실행되고 정착될 때 맛보는 보람이 크지만, 한편으로 걱정도 많다. 가시적인 성과가 필요한 관의 입장과 단기적인 성과를 기대하기 어려운 사업 성격과 지역 주민의 기대치 사이에서 어떻게 해야 최상의 결과를 낼 수 있을지 고민이고, 2024년도까지로 예정되어 있는 사업 기간이 종료되면 그 이후 어떻게 될지 걱정이다.

그래도 액션그룹 등이 역량 있는 자원으로 증가했기 때문에 장기적으로는 통합형 중간조직으로 변신을 도모할 수 있을 것으로 기대하고 있다. 외부용역 등 위탁사업을 수주하면 사업 실행 예산의 부족을 메꿀 수도 있다는 희망 섞인 전망도 해본다.

허 국장은 이곳에서 일하면서 성공에 대한 관점이 바뀌었다고 한다. 전에는 좋은 자동차를 타고, 돈이 많아야 하는 것 등 물질적 욕구가 컸다면 이제는 지역주민들이 성장하는 것을 보면서 그게 성공이 아닌가 하는 생각도 들었다는 것이다. 고령의 밝은 미래를 확인하고 돌아가는 길, 확연하게 익숙해진 거리의 모습 때문인지 마음이 편안했다.

외지인도 쉽게 정착할 수 있을 것 같은 마을

고령에서 맞이한 네 번째 아침, 이제 서울로 돌아가야 한다. 마지막 날을 보낸 숙소는 개실마을 입구에 있는 웅기댁으로 나지막한 담장이 편해 보이는 한옥이다. 밤새 가을비가 부슬부슬 내렸다. 떠나는 아쉬움을 빗소리가 달래주는 것 같았다. 간밤, 낙숫물에 젖을까봐 신발을 섬돌 툇마루 아래 밀어 넣을 때 돌연 심쿵했다.

'아, 이것이구나, 고령살이에서 맛보고 싶었던 게'

비 오는 날의 기억, 그리운 사람들과 함께 한 유년 시절부터의 정경들이 떠올랐다. 리드미컬한 낙숫물 소리에 하나, 둘 기억을 끄집어 내다가 스르륵 잠이 들었다. 새벽녘에 잠이 깼다. 다시 잠을 청했지만 떠나야 한다는 생각에 정신이 또렷해졌다. 파카를 걸치고 방을 나섰다.

　어두컴컴한 골목길이 조금씩 눈에 들어왔다. 먹구름이 잔뜩 낀 하늘 아래 나지막한 지붕들이 잇대어 있는 오래된 마을, 그 안에서 단꿈을 꾸고 있는 사람들, 보면 볼수록 정겨운 풍경이다.

　지난 저녁 만났던 신경수 사무장을 떠올렸다. 사무장이라는 직함보다는 이 동네 덕동댁, 하동댁처럼 누구 집 아들 같은 그 모습을 못 보고 가는 것이 아쉽다. 오늘 외부 회의가 있어 아침 일찍 길을 나서야 한다고 했다. 그 위로 김민규 위원장의 얼굴이 겹쳐 보이며 사람의 인연이 참 대단하다는 생각이 들었다. 무엇이 이 둘을 연결하여 이곳에서 일하게 했을까?

　신경수 사무장은 1977년생. 태어난 곳은 전북 익산이지만 초등학교 때 고령으로 이사와 줄곧 살았으니 이곳이 고향과 다름없다. 어머니의 고향도 경남 함양이다. 지금은 이전했지만, 고령에 있었던 가야대학을 졸업하고 수학 강사를 하다 고령박물관 학예계에 취직했다. 그곳에서 만난 사람이 지금 개실마을영농조합의 김민규 위원장이다. '케미'가 잘 맞았던지 두 사람은 의기투합해 신나게 일했다.

　그러던 중 김민규 위원장이 박물관을 떠났다. 나고 자란 종갓집이 있는 개실마을을 위한 선택이니 자신과는 상관없는 일로 생각했다. 한번 놀러 오라는 얘기에 여름 끝 무렵 개실마을을 찾았다. 관광안내소에서 아이스크림 하나 먹고 헤어졌다. 안부 말고는 딱히 이야기를 나눈 것도 없었다. 한두 달쯤 지났을 무렵에 전화가 왔다. 아이스크림

비에 촉촉히 젖은 개실마을 풍경.

하나 먹은 것밖에 없는데 다짜고짜 함께 일하자고 했다. 이 두 사람의 인간관계를 짐작할 수 있을 것 같다.

몇 달째 사무장 자리가 공석이어서 김민규 위원장이 손을 내민 것이었다. 함께 일하고 싶은 유능한 후배였지만, 멀쩡한 직장 때려치고 오라고 권하기가 어려워 뜸을 들인 것 같다. 종갓집에서 자란 김민규 위원장은 자신이 의무감처럼 갖고 있는 사명감과 달리, 착실하게 직장생활을 하고 있는 후배가 스스로 보기에도 사업성에 대한 믿음과 관심이 먼저 있어야 한다고 생각했기 때문에 먼저 불러서 마을을 구경시켜 준 것이었다.

일이란 사람이 길을 개척하면서 만들어지는 것이다. 결국 중심은 사람과 사람의 관계다. 신 사무장은 두 번째로 개실마을을 찾은 후 마음을 굳히고 박물관을 떠나 이곳에 왔다. 2018년 10월의 일이다. 상

개실마을 신경수 사무장.

상하지 못했던 일들이 벌어진 것이다.

　개실마을에 와서 전통음식 만들기, 민속놀이, 한옥체험 등 오랜 전통이 살아있는 시골 마을 체험부터 귀농·귀촌을 희망하는 도시민을 위한 '농촌에서 살아보기' 프로그램을 성공적으로 진행하고 있다. 마을기업의 성공 저변에는 집성촌의 특성도 한몫했다. 토박이 주민들이 일을 전담하니 다른 마을에 비해 인건비가 싸서 가격 경쟁력이 있었다.

　성공적인 농촌체험마을로 유명세를 치르면서 관광객뿐만 아니라 전국의 많은 체험 마을에서 벤치마킹하러 오니 할 일은 산더미처럼 쌓이고 일손은 부족했다. 사무장이 해야 할 일이 어디까지인지 범위도 경계도 없었다. 어떨 때는 프로그램 기획자였다가, 또 다른 때는 마을을 안내하는 가이드가 되기도 하고, 가끔은 연로한 마을 주민들

개실마을 '농촌에서 살아보기'

'농촌에서 살아보기' 프로그램은 도시민들이 농촌에 장기간 거주하며 일자리와 생활을 체험하고 지역주민과 교류를 통해 농촌에 성공적으로 정착을 유도하는 사업이다. 참가자가 농촌으로 이주하는 과정에서 시행착오를 최소화할 수 있도록 전담 멘토의 현장지원을 통해 정착을 돕는다.

농어촌체험 마을, 귀농의 집 등에서 한 달에서 6개월 동안 거주하며 귀농·귀촌 및 일자리 체험이 가능한 만 18세 이상의 도시민을 대상으로 한 귀농·귀촌 형과 만40세 미만을 대상으로 한 청년 프로젝트 참여형이 있으며, 숙박비와 연수비 등을 지원한다.

2022년 개실마을의 '농촌에서 살아보기' 프로그램에는 10개 팀 30여 명이 참가했는데 그중 3명이 정착했다. 덕곡면으로 귀농한 목수인 여성과 선산이 있는 우곡면에 정착한 60대 부부로 다른 곳에 비해 성과가 좋은 편이라고 한다.

의 민원을 해결해주는 맥가이버가 되기도 했다. 사무장은 만능맨이 되어야 한다. 스마트폰을 두 개씩 들고 다니는 것도 그런 이유 때문이다.

예기치 않았던 코로나로 인해 사업의 방향을 다시 생각하게 되었다. 체험 위주의 프로그램으로 유지되었던 만큼 방문객의 발길이 끊어지자 바로 치명타를 맞은 것이다. 이러한 경험을 통해 한과 같은 전통음식 가공시설에 대한 필요성을 더욱 절실하게 느끼게 되어 해썹 HACCP인증 시설을 갖추고자 추진 중이다.

빼곡하게 차 있는 일정표대로 정신없이 뛰다 보면, 때로는 힘에 부치고 지칠 때도 있었다. 마음이 흔들릴 때마다 붙잡아준 것은 마을 어머님들의 정겨운 한마디였다.

힘든 코로나도 견뎌내면서 마을은 다시 활기를 되찾았지만 근심거리도 생겼다. 프로그램 운영의 많은 부분이 마을 어머니들이 계셔서 가능했는데 이 분들의 기력이 점점 쇠하는 것 같아서 걱정이다. 민박을 하고 있는 한옥들이 해를 거듭하면서 노후화되다 보니 벌레가 나온다는 클레임이 들어오는 일도 종종 있다.

마을 대부분이 한옥으로 드라마 세트장으로 활용할 수 있을 정도다. 실제로 드라마 촬영을 검토한 적이 있었지만, 마을 곳곳의 전봇대와 전깃줄 때문에 없던 일이 되어 버렸다. 밖에 나와 있는 전선들을 모두 땅에 묻는 전선 지중화 작업도 추진하고 있다.

이렇게 일만 하면 가정생활은 어떻게 꾸려나갈지 궁금해서 물었더니 아니나 다를까 아직 미혼이란다. 다행히 여자친구가 생겼다. 그런데 모처럼 데이트할 시간이 생기면 찾아가는 곳이 다른 지역의 체험마을이란다. 여자친구도 좋아해서 이곳저곳 다니면서 벤치마킹하는 기회로 삼기도 한다니 고마운 마음이 든다.

먹구름도 물러가고 사방이 또렷하게 보였다. 처음 와서 하룻밤을 지냈을 뿐인데도 모든 게 익숙한 풍경이다. 연고 없는 외지인도 쉽게 정을 붙이고 살 수 있을 것 같은 마을이다.

날마다 던져보는 질문

고령에 다녀온 후 얼마 지나지 않아 장모님이 돌아가셨다. 고관절

수술 때문에 집을 떠난 지 석 달 만이었다. 평소 병치레 없이 식사를 잘하셔서 100세까지도 너끈하게 사실 수 있으리라 생각했는데 그 예상은 아흔에 멈추었다.

　글을 쓰면서 감상에 젖는 일이 잦아졌다. 꼬리에 꼬리를 무는 생각에 진도가 나가지 않았다. 멍때리는 시간이 늘었다. 급격하게 쇠약해진 부모님을 걱정하다가 이십여 년 후의 내 모습을 그려보았다. 어떨 때는 허공에 붕 뜬 느낌이 들며 갑자기 자신감을 상실하기도 했다가 고령을 휘젓고 다니는 모습을 꿈꾸기도 했다. 꿈을 꾸는 것은 의욕이 있으므로 가능한 것이다. 이런 저런 가능성을 따져보다 여행처럼 다니는 것이 현실적이라는 결론을 내린다. 날마다 똑같은 질문을 던지고 답을 찾는 일이 이어진다.

'아내와 둘이라면 어디까지 가능할까?'
'어울릴 사람이 있을까?'
'할 일이 좀 있을까?'
'재미있을까?'

고령이라면 가능할지도 모르겠다.

김미정

삶이 그저 그렇고 깊은 한숨이 올라올 때면 전환이라는 말을 떠올린다. 약사라는 직업을 떠나 지역살이와 글쓰기를 하며 건강이라는 화두로 돌아간다. 심장 근육과 사유의 근육 함께 키우기, 계단 오르내리기, 커뮤니티와 함께 하는 삶이 건강한 인생을 누리게 해준다고 생각한다. 미병에서 건강으로 건네주는 브릿지 김약사 브랜드는 그 속에서 건져올린 유일한 나의 자랑거리이다.

고령군신활력플러스추진단 · 쌍림 작은도서관 · 전홍태 커피

고령이 정말
잘됐으면 좋겠어요

60년 흔들리는 삶

아침 뉴스에 96세를 일기로 지구별을 떠난 김남조 시인의 소식이
들린다. "태어나서 좋았고 오래 살아서 더 좋았다고 생각합니다"라는
생전의 인터뷰가 나온다.

손수건이 귀하던 시절 당신 손주의 누런 콧물을 입으로 닦아주셨던
할머니의 꽃상여가 오래된 기억 창고에서 다시 소환되는 순간이다.
내 삶에서 죽음의 화두는 늘 몇 발자국 떨어지지 않은 곳에 머물고 있
었다. 나는 그 비밀을 풀기 위해 더 치열하게 매 순간을 살려고 버둥
거렸던 것 같다. 60년 흔들리는 삶. 그 곁 어딘가엔 완벽한 무언가가
따로 존재할 것 같다. 한 송이 장미가 도드라져 보이는 식탁과 혀에
휘감기는 음식, 잘 차려입은 의상과 그 분위기에 어울리는 사람. 그리

고 미뉴엣의 음률과 벽에 걸린 보테로 스타일의 풍만한 그림까지 어느 하나 빠지지 않는 풍경. 그 완벽한 구도와 흔들리는 현실 사이를 오가는 진동들을 겪으며 살아온 것 같다.

고대 로마 사람들은 도시의 소란과 폭염을 피해 지방으로 내려가 아무것도 하지 않는 시간을 가졌다. 오로지 독서와 명상, 친구와 대화하는 비생산적인 일 속에 자신을 내려놓고 마음과 영혼을 돌보는 시간을 가졌다. 그 여유로운 시간을 오티움^{otium} 이라 하고, 그 반대 의미인 분주함은 네고티움^{negotium} 이라 한다. 스스로에게 물어본다. 나는 지금 나의 영혼을 보살피는 오피움의 시간 속에 있는가. 아니면 항상 무언가를 해야 한다는 네고티움의 시간을 보내고 있는가.

오십 중반에 시작한 지역살이는 지금도 진행 중이다. 코로나 상황에서 졸업을 앞둔 아들과 같이 시작한 거제살이, 취업 준비에 지친 딸과 살았던 제주살이, 그리고 좋은 사람들과 함께했던 남원, 강릉, 인제를 거쳐 고령으로 간다. 40대 중반에 처음 만났던 고령 대가야 고분군은 큰 울림으로 다가왔다. 2천년 전 묻힌 700여 기의 죽음과 그 속의 비자발적 죽음의 의미. 살아가면서 흐릿해졌던 그 파장을 찾아 다시 고령으로 떠난다. 거실 한쪽 벽에 고령 지도를 붙여놓고 자세히 들여다본다. 고령으로 간다고 하니 지인들은 한결같은 반응이었다.

"보령?"

"고령토가 많이 나는 곳 아냐?"

유네스코 세계 유산인 지산동 고분이 유명한 곳, 찬란한 대가야 문화의 중심지, 가야산의 성모 정견모주의 설화가 있는 곳. 이렇게 고령을 알고 있는 사람은 거의 없었다.

고령은 동쪽으로는 낙동강을 마주 보며 대구와 연결되고 남서쪽으로는 합천, 그리고 북쪽으로는 성주와 연결되는 곳이다. 대가야제국이 건설되어 520년간 찬란한 문명을 누렸던 고장이기도 하다. 그렇게 번창했던 쇠의 나라는 주민이 3만 명 남짓한 인구 소멸 지역으로 남았다.

'젊은 고령! 힘 있는 고령!' 이 지역에 들어서면 흔히 만나게 되는 구호다. 고령은 '높고 신령하다'라는 뜻이다. 그러나 처음 이 단어를 들으면 '고령화'가 먼저 떠오른다는 사람이 많다.

스물 일곱 청년의 조금은 적적한 시골 살이

"고령이 잘됐으면 좋겠어요."

고령에서 만난 27세 고령 청년 정슬해 씨가 처음 건넨 인사말이다. 슬기롭고 해맑다는 의미의 순우리말로 된 '슬해'라는 이름이 참 잘 어울렸다. 고령군 청년 커뮤니티 공간인 '드루와락' 사무실에서 그의 푸른 이야기를 들어보았다.

고령에서 태어난 그녀는 중3 때 부모님의 권유로 중국으로 유학을 떠나 중국 상하이재경대학 국제무역학과에서 공부했다. 4년 전액 장학생으로 유학생회 회장도 맡으면서 대학생활을 하다가 코로나로 인해 마지막 학기를 한국에서 보내고 졸업하게 되었다.

오랜 타지 생활 끝에 돌아온 고향에서 부모님 곁에 머물며 일할 수 있는 자리를 찾았다. 다행히 기회가 생겨 2021년 7월부터 고령군신활력플러스추진단에서 매니저로 일하고 있다. 자신의 프로필에서 밝힌 정슬해 씨의 능력은 대인관계능력 '만랩', 중국어 '만랩', 위기대처능력 '만랩', 자존감 '만랩'이다.

"사람 만나는 일이 좋습니다. 사무실에서 서류를 만지는 것보다는 현장에서 주민들과 소통하며 체온을 느끼는 일을 더 좋아하는 것 같아요. 그리고 마을에 가면 어르신들이 청년이 왔다는 사실 자체를 좋아하시고 예뻐해 주시는 것 같아요."

이곳에서 청년 정책 파트를 주로 담당하고 있다. 청년이니까 뭐든지 할 수 있다는 취지로 '하다'라는 모임을 만들어 운영하고 있다. 〈고령에서 커피 친구, 밥 친구, 맥주 친구 만들기〉라는 주제로 지인의 장소를 빌려 고령 청년 누구든지 참여할 수 있게 포트락 신년파티를 열기도 했다.

과거 관공서에서 하는 사업이 마을회관이나 경로당 같은 건물을 지어주는 일이었다면 지금은 마을 주민의 역량 강화를 목표로 마을 유

고령군신활력플러스추진단의 정슬해 매니저(오른쪽). 왼쪽은 필자.

휴건물을 활용할 수 있는 인력을 양성하는 취지로 진행되고 있다. 그 역할을 맡고 있는 것이 고령군신활력플러스추진단이다.

주민의 사업 욕구를 파악 후 사업계획서를 받아 5인 이상이 액션 그룹을 만들면 지원을 해주는 방식이다. 막걸리나 가양주 등 전통주에 관심이 있는 팀, 꾸러미 밀키트 사업을 준비하는 팀, 메타버스를 하는 팀, 심저이 철갑상어 체험 코스를 개발하는 팀도 있다. 고령 청년들이 가장 아쉬워하는 놀거리를 만들기 위해 청년문화 살롱도 운영하고 있다.

"우리가 가장 하고 싶고 재미있어하는 것부터 시작하자고 했어요. 퇴근후 맥주 한잔 할 곳이 없어 노상에서 만날 수밖에 없는 문화에서 벗어나고 싶은 마음이었죠. 3개월 단위로 보컬팀을 꾸리고 있어요."

19세부터 39세까지 한 기수에 12명을 모집했는데 인원이 초과할 정도로 인기 폭발이다. 2023년 9월 청년의 날 고령에서 처음으로 힙합 콘서트 할 때 1시간 정도 고령고등학교 밴드와 합류해 거리공연을 했다.

젊지만 고민도 많다. 사업의 연계성과 보수 문제도 정 매니저를 힘들게 하는 부분이다. 이 사업이 얼마나 계속될지, 사업이 종료되고 나면 무얼해야 할지. 개인적으로 일 욕심도 많고 인정도 받고 싶은데 이 일을 계속했을 때 어떤 메리트가 있을지도 고민해본다. 이왕 하는 것 잘해보고 싶단다.

신활력플러스추진단장과 매니저 두 사람이 모든 일을 처리해야 하는 것이 쉽지 않다. 다행히 프로그램에 주민들이 열정적으로 참여해 주어서 일에 있어 보람은 많다.

고령에서는 금융기관 종사나나 공무원 등 몇몇 업종을 제외하면 안정적인 일자리가 없어 많은 사람들이 머물지 못하고 떠날 수밖에 없다. 외부인의 눈으로 보면 자연 속에서 힐링하는 삶을 부럽게 생각할 수도 있겠지만 청년 입장에서는 오히려 이런 자연 속의 삶이 답답하게 느껴질 때도 있다.

정 매니저는 휴일이면 일과 연결된 지역 축제를 둘러본다. 진주 유등축제도 가보고 문경 봉암사 개미취축제, 남원의 갈치축제도 다녀왔다. 우리 세대는 이렇게 노는 것처럼 일하는 것에 익숙하지 않다. 정 매니저와 이야기를 나누면서 즐기면서 일하는 법을 배웠다.

정슬해 매니저는 자신처럼 젊은 사람들이 더 많이 고령에 왔으면 좋겠다고 했다.

"저 같은 청년이 고령으로 와야하는데 너무 메리트가 없어요."

그녀의 안타까운 호소다. 친구들이 그녀를 보면 "요즘 복고풍이 유행인데 너는 벌써 그 속에 살고 있네"라며 놀리듯 말한다. 너무 평온해서 고여있는 고령, 열심히 살고 싶어 하는 청년에게는 경쟁과 자극이 없어 힘이 빠지는 분위기가 장점만은 아니리라.

친구들 만나 수다떠는 것이 제일 좋은 20대 청년. 고령의 밤 문화가 없다보니 때로는 대구 테크노파크까지 놀러 갔다가 택시를 타고 들어온다. 놀거리 일거리가 없이 논밭 뷰 속에서 살아야 하는 현실이 제일 문제다. 젊은 청년들이 생각하는 고령의 자랑거리는 뭘까?

"마을 전체가 포근한 가족분위기입니다. 힐링이 필요할 때 좋은 곳이죠. 아무것도 하지 않고 머물러 보세요. 고령의 귀부인 12월 딸기는 정말 예술이랍니다. 고령 돼지고기찌개와 뭉티기 고기를 꼭 맛보세요."

길거리에서 또래를 많이 만날 수 있으면 좋겠고, 청년들의 목소리를 더 관심 깊게 들어주었으면 좋겠다. 대구발 버스 막차 시간을 늘려주면 좋겠다. 8시에서 코로나 전의 10시로 회복시켜 주면 고령에서 학원에 다니고 친구들 만나러 나가는 젊은이들이 아주 행복할 것 같다. 정슬해 매니저의 바람들이다.

"관계인구가 온다는 말을 들었을 때 신기했어요. 직접 만나서 이야기를 나누니 중장년들의 역할이 큰 것 같아요. 우리 아빠도 내년에 퇴직하시면 한 번도 살아보지 않은 어촌에서 살아보기를 해보고 싶어 하세요. 지역에 청년층이 오는 것은 무거운 주제지만 중장년층은 살면서 쌓아둔 경험과 함께 큰 부담 없이 움직일 수 있다는 것을 배웠어요."

인터뷰 마지막에 정슬해 매니저가 던진 말은 처음과 똑같았다.

"고령이 잘 됐으면 좋겠어요"

과연 나는 지금 잘 살고 있는 걸까요?

여행을 가면 어슬렁거리며 갈 수 있는 동네 도서관이 어디 있을까 궁금해한다. 올해 3개월간 뉴질랜드 살아보기를 할때도 오클랜드의 55개 도서관 중 몇 곳을 찾아다녔다. 그중 내가 제일 좋아한 곳은 페리를 타고 가서 만날 수 있는 데본포트도서관이다. 바닷가 바로 옆에 위치한 곳이라 뷰도 그렇고 특히 거실처럼 편안하게 꾸며놓은 2층 공간이 마음에 들어 자주 들러서 앉아보곤 했다. 어른도 누워서 뒹굴거리고 아이들도 쿠션에 몸을 맡긴 채 아주 편한 자세로 책의 세계에 빠져들 수 있어 보는 사람에게 편안함이 전염되는 곳이다.

고령 대가야로 600. 고령 쌍림마을의 작은 도서관은 눈을 감고도 찾을 수 있다. 마을의 푸른 논과 대조적인 노란 빛깔로 우뚝 서 있는 평생학습센터의 1층 작은 도서관에서 김정희 씨가 우리를 반갑게 맞아주었다. 마침 도서관에서는 〈소소한 갤러리 곽윤미 사진전〉이 열리고 있었다. 보석처럼 빛나는 고령군의 사계절 풍광, 특히 안개가 피어오르는 지산 고분군의 사진에서 눈을 뗄 수 없었다. 사진에 문외한인 내가 보아도 2023년도 가야역사문화 멀티미디어 공모전에서 사진부문 대상을 받을 만한 작품들이었다.

네잎클로버 모양의 테이블이 놓여 있는 아이들의 공간이 편하게 다가왔고 도서관 한쪽엔 커피머신이 자리하고 있었다. 책을 보기 위해, 또는 커피 한잔을 마시고 싶어서 마을 사람들이 끊임없이 찾아왔다. 커피 향기와 안개 낀 대가야로 여행을 떠나는 듯한 몽환적인 분위기에서 우리는 이야기를 나누게 되었다. 그녀는 자신을 "55세에 독립 인생을 꿈꾸는 프로귀촌러 김정희입니다" 라고, 소개했다.

김정희 씨는 아들 셋을 키우며 자연을 찾아다니는 일이 많았다. 방학이면 아이들의 외갓집인 고령에 내려와 자연 속에 묻혀 지내곤 했다. 시골 생활은 느리고 불편하지만, 자연에서 마음껏 뛰어노는 아이들은 너무나 행복해 보였다. 더 늦기 전에 아이들에게 고향을 선물해주고 싶었다. 초등학교 1학년, 3학년, 중학교 1학년 세 아들을 경쟁 없는 작은 학교와 자연 속에서 키우며 다양한 삶의 모습을 보여주리라 결심했다.

그녀가 38세 되던 2011년, 인천 생활을 정리하고, 세 아들을 데리고 부모님이 소를 키우는 고령으로 내려왔다. 도시를 떠나니 그제야 아이들과 자전거를 타며 공원 곳곳을 돌아다니는 재미를 충분히 누릴 수 있었다.

하지만 막상 닥친 현실은 거대한 벽처럼 다가왔다. 일자리를 알아보니 기관 중심의 계약직 일자리가 있을 뿐이어서 자신이 가진 역량을 충분히 발휘하기에는 조금 아쉬운 점이 있었다.

초등학교 방과 후 코디네이터 및 병설 유치원 강사를 거쳐 농촌휴양 예마을 사무장으로 3년, 도시재생지원센터 코디네이터로 2년간 일하다 2022년부터 쌍림작은도서관에서 일하고 있다. 고령에서 중간지원조직에서 일을 하다 보면 다양한 부류의 사람을 만난다. 새로운 일을 할 때는 아직도 마음이 설렌다고 한다.

2년 이상 연속해서 일할 수 없는 계약직이다 보니 큰 그림을 그릴 수 없어 조금 아쉬운 면은 있다. 허겁지겁 고단한 삶의 연속에서 이제는 아이들도 독립하고 시간으로부터 자유로운 나이가 되었다. 그 에너지를 일 속에 녹여내 더 멋진 작품을 만들 것을 생각하니 다시 가

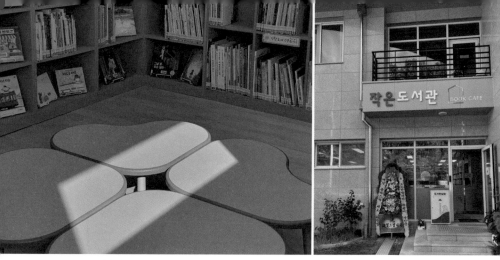
고령의 쌍림 작은도서관 네잎 클로버 모양의 테이블이 눈길을 끈다.

습이 콩닥거린다.

쌍림도서관은 1주일에 6일 열고 야간 오픈도 준비하고 있다. 월요일 저녁 3시간을 활용해 자신의 역량을 키울 수 있는 프로그램을 계획하고 있다. 〈똥손으로 함 뜨자〉, 〈니팅클래스〉, 〈캘리그래피〉. 〈갤러리도서관〉 등의 프로그램들을 진행했다.

마을 주민들이 커피 한잔 하고 싶을 때, 잠시 쉼이 필요할 때, 궁금증이 생길 때 언제든지 들를 수 있는 곳으로 만들고 싶다고 말하는 김정희 씨의 눈이 반짝반짝 빛났다.

올해 봄부터 그녀에게 이상한 일이 일어나기 시작했다. 갑자기 잘 모르던 패스파인더의 김만희 대표가 찾아오고, 서울에서 신중년들이 찾아와 살아온 이야기를 듣고 싶다고 한다. 그들과의 만남 이후 '내가 이러려고 그렇게 치열하게 살았던 걸까'하는 대답 없는 질문을 스스로에게 던져보았다.

쌍림 작은도서관을 운영하고 있는 김정희 씨(왼쪽). 오른쪽이 필자.

    세 아들을 부둥켜안고 낯선 곳으로 이주한 서툰 젊은 엄마, 나의 삶터를 만들기 위해 아등바등 지나온 세월이 눈물 속에 스쳐 지나갔다. 마을 일을 하느라 365일 녹초가 되도록 뛰다 보면 엄마 없이 지내는 아이들 생각에 '내가 이러려고 고령으로 내려왔나'하는 후회와 번민으로 가득한 세월을 보내기도 했다. 때로는 "너는 왜 그렇게 유별나니?", "왜 한 곳에 정착하지 못해?"하는 주변 사람들의 따가운 시선이 느껴질 때면 자신을 잃어버리기도 했다.

    김정희 씨의 이야기를 듣다 보니 자식을 둔 일하는 여성들의 삶은 거의 비슷하지 않을까 하는 생각이 들었다. 나도 그랬다. 일을 하다가 사람에, 똑같은 반복적인 일에 지치고 또 집으로 돌아오면 가정에서의 역할을 다하지 못하는 자신에 다시 실망하게 되는 무의미한 점 같은 시간.

점과 점이 모여 선이 만들어진다. 프랑스의 정신분석학자 자크 라캉의 말이 생각난다. '정체성은 점선으로 이루어진다.'

12년이 흐르고 나니 아이들은 각기 제 갈 길을 가고 있고 사람들 속에서 행복하고 의미 있는 일을 하는 편안한 자신을 만나게 되었다. 2028년 55세에 독립을 하겠다는 야무진 계획도 생겼다. 그때는 일이나 직장에 대한 속박에서 벗어나 정말 하고 싶은 것을 찾아보고 싶다.

나는 과연 지금 잘 살고 있는 건가요? 친구들이 열심히 직장에서 자기 역량을 살리고 있는 반면에 나는 무얼하고 있는지, 내가 틀린 선택을 한 것은 아닌지, 잘 떠나온 것인지 의문이 들 때가 많다. 반드시 무엇을 해야 한다는 틀에서 벗어나 내 마음이 끄는 대로 내가 즐거운 곳으로 떠나고 싶은 욕망에 충실해도 되는 건지. '괜찮다. 당신이 옳다'라고 소리를 내 응원해 주고 싶다.

도서관에 필요한 것이 있다고 한다. 신간은 예산 범위에서 구입할 수 있는데 이용자가 많이 찾는 무협지, 삼국지 시리즈 등 오래된 책은 구입이 힘들다. 혹시 집에 오래된 전집 같은 것이 있으면 기증을 해줬으면 좋겠다는 부탁이 있었다.

"고령은 이제 제 고향입니다. 내 자식이 들어와서 살아도 좋은 곳으로 만들고 싶어요. 사는 사람이 행복해야 많은 사람이 관심을 갖고 오지 않을까요?"

젊은 시절 귀촌해 고령에 한 발, 한 발 스며들고 있는 정희 씨. 작은 도서관에서 지역민의 문화 소통 창구를 만들고 싶은 그녀의 꿈이 실현되도록 팬슈머로서 늘 응원해 주고 싶다.

이제는 향기로운 일을 하며 살고 싶다

고령의 전통장은 4일, 9일에 열리는데 운 좋게도 '가는 날이 장날'이었다. 대가야읍 종합시장으로 이동하니 벌써 주차장이 만원이다. 몇 번을 돌다가 약간 외곽인 고아리 제3공영주차장에 차를 대놓고 오일장의 소란 속으로 풍덩 뛰어들었다.

도시에서는 좀처럼 볼 수 없는 목이 긴 장화가 화려한 컬러를 뽐내고 있고 대장간의 뜨거운 열기가 방금 식은 것 같은 각종 농기구, 도시에서는 보기 어려운 나프탈렌, 아주 먼 바다를 건너온 다리가 긴 문어와 각종 해산물도 이 장터를 찾아왔다.

포슬포슬한 김이 올라오는, 2천 원에 6개를 주는 국화빵을 샀다. 어

고령의 별미 소구레 국밥

릴 때 집 옆 공터에서 사서 먹던 따끈따끈하고 달콤한 맛이 그대로 입 안에 퍼졌다. 다음으로 눈에 보이는 것은 각종 장류를 팔고 있는 가게. 그곳에서 차곡차곡 포개져 있는 누런 콩잎을 샀다. 된장에 박아도, 약간의 양념만 넣어도 밥이 그냥 넘어가는 반찬이다.

슬슬 허기가 느껴져 점심시간에 어울릴 음식을 찾다가 우연히 '소구레 국밥'이라는 낯선 글자에 끌려 장터 한복판에 자리를 잡고 앉았다. 옛날에 악기를 만들던 장인이 가죽이 두꺼우면 좋은 소리가 나지 않는다고 던져버렸던, 가죽과 근육 사이의 조직인 소구레가 훌륭한 국밥 재료로 변신했다. 파와 선지와 함께 어울려 쫀득쫀득한 식감이 느껴지는 따끈한 국밥은 고령 장터에서만 먹을 수 있는 별미였다.

소구레국밥으로 배를 채우고 나니 대가야 시장 안에서 솔솔 퍼져 나오는 커피 향기가 나를 유혹하고 있었다. 시끌벅적한 야외 장터를 벗어나 상가로 들어서니 조금은 한적한 기운이 돈다. 가게 입구에 푸른 하늘 아래 하얀 거품이 가득 담긴 흰수염커피 입간판이 눈에 띄고 실내에는 하얀 스웨터를 입고 앉아 책을 읽고 있는 한 여자가 보였다. 가게 안쪽은 기타와 거실 같은 편안한 분위기에서 작은 음악회를 즐길 수 있는 공간이 마련되어 있었다.

가게 주인인 전홍태 씨는 커피를 로스팅하느라 바쁜 와중에 낯선 객을 반겨주었다. 직접 로스팅한 가야금 향기 콜드블루를 내려 흰 수염 커피를 만들어 주었다. 가야금의 맑고 깊은 여운을 담은 커피다. 그냥 입을 대고 마시면 짭짤한 생크림 맛이 먼저 올라오고 빨대로 마시면 바닥에 가라앉아 있던 쓰디쓴 커피 맛이 입안을 가득 채운다. 입술 위에 흰수염이 만들어지는 순간을 상상해 보라. 커피는 중추신경을 흥분시켜 처음 보는 사람과의 어색함도 쉽게 무장해제 시키는 매력이 있다.

전홍태 씨는 공무원으로 일하다 일찌감치 은퇴를 했다. 공무원으로 첫 발령을 받은 곳이 고령군청이었다. 군청 축산과에서 30년 근무를 했다. 축산업을 장려하는 일이지만 그로 인해 발생하는 냄새, 오·폐수 등 환경 문제로 인한 갈등도 많았다. 전 씨는 고민 끝에 결국 조기 퇴직을 결정했다.

40년 이상 남은 제2의 인생을 새롭게 살아보고 싶었다. 가장 잘 아는 것은 축산이지만 막상 직접 하려니 거친 일을 감당할 자신이 없고 이웃에 폐를 끼치는 일을 하고 싶지 않다는 생각이 들었다. 경제적 이득과 재미, 그리고 사회적 가치도 있는 일이 뭐가 있을까.

일단 냄새 나는 일에서 벗어나 향기로운 일을 해보고 싶었다. 고민 끝에 오래 되고 낡은 대가야읍 시장 상가에 가게를 얻어 카페를 열었다. 벌써 9년 째다. 커피를 내리며 바리스타 교육도 하고 있다. 청년 뿐 아니라 같은 동년배인 50, 60대를 조직화해서 마을을 위해 뭐든지 하고 싶은 꿈을 꾸고 있다. 지자체가 주도하는 전통 시장 내 청년몰에 대해서도 청년끼리 하는 것보다 시니어와 함께 어울려 고민하면 시너지 효과가 있을 것으로 기대하고 있다.

전홍태 씨가 갑자기 미소를 지으며 "아내가 고령에서 더 유명하다"

전홍태 씨가 직접 타준 흰수염 커피(왼쪽)과 카페 외관(오른쪽).

고 자랑하며 가게 바깥에서 조용히 책을 보고 있던 아내를 소환했다. 그녀는 2002년 매일신문 신춘문예에 당선된 이향 시인이다. 시인과 함께 사는 남자라니. 전홍태 씨가 갑자기 더 빛나 보였다. 시 짓는 아내와 커피 내리는 남편. 오래오래 대가야 중앙사장에 커피향기가 퍼져 나가기를.

자유롭게 머물고 싶은 곳

고령에 내려온 첫날 밤, 해 질 무렵 올랐던 지산동 고분군의 아름다움에 빠졌다. 왕이 먼 여행을 떠난 뒤 북두에 고해지던 금의 소리가 귓전에 들리는 듯하여 쉽게 잠들지 못했다. 뒤척거리다 근처 대가야 시네마를 찾았다. 영화 두 편이 상영되고 있었고 관객은 우리 밖에 없었다. 텅 빈 작은 영화관을 온몸으로 지키는 사람. 그리고 1천5

전홍태 씨 부부의 모습. 오른쪽 아내 이향 씨는 등단한 시인이다.

백여 년을 거슬러 존재했던 고분군을 지키고 사랑하며 알리려 애쓰는 사람들. 고령 여행의 마지막 일정으로 운명처럼 숙명처럼 마을을 지키고 알리려 애쓰는 김종직 후손이 사는 개실마을의 나지막한 돌담길을 걸어보았다.

　고령은 서기 42년부터 562년 신라에 통합되기 전까지 16명의 왕이 520년간 다스린 대가야의 수도였다. 나에게 고령은 뿌리가 아주 깊은 천 년 된 나무 같다. 거센 바람에 흔들리지 않는 고목.

"죽은 자는 더 이상 그곳에 묻혀있지 않아요. 자유롭게 머물고 싶은 곳에 있지요."

지산리 고분군을 보면서 포르투갈 작가 페르난두 페소아가 쓴 에세이 『페소아의 리스본』에 나오는 문장을 떠올렸다. 고분 속 그 사람들은 어디에서 자유를 누리며 머물고 있을까?

죽음 뒤의 삶에서조차 연속성을 찾으려 한 고대 왕국 대가야의 지배자들. 제비꽃 가득한 땅 속 깊은 곳에 물질적 에너지를 담는 그릇과 즐기고 춤추는 곳에 필요한 장신구들. 비자발적인 동반자들까지 갖춘 나름 완벽함을 추구한 사람들. 과연 완벽한 삶이란 존재하는 것일까?

철학자 아리스토텔레스는 모든 움직임을 키네시스와 에네르게이아로 구분했다. 키네시스는 마라톤처럼 목적지에 도달하려 움직이는 것, 반면 에네르게이아는 춤과 비슷하여 즐기는 그 순간에 의미가 있다. 여행도 삶도 에네르게이아의 관점에서 본다. 지역살이는 그런 점에서 아주 럭셔리한 삶의 경험이 아닐까? 오늘도 노을이 젖어 드는 지산동 고분군에서 가야금 연주를 들으며 대가야 사람들과 교감했던 10월의 바람 냄새가 코끝을 간질인다.

고령에서 살아보기

초판 1쇄 인쇄 2024년 4월 9일
초판 1쇄 발행 2024년 4월 20일

지은이 ● 패스파인더
펴낸이 ● 정재학
펴낸곳 ● 퍼블리터
등록 ● 2006년 5월 8일(제2014-000181호)
주소 ● 경기도 고양시 덕양구 꽃마을로 66(향동동 521) 한일미디어타워 816호
대표전화 ● (031)967-3267
팩스 ● (031)990-6707
이메일 ● publiter@naver.com
홈페이지 ● www.publiter.co.kr
페이스북 ● www.facebook.com/publiter1
블로그 ● blog.naver.com/publiter
인스타그램 ● instagram.com/publiter

기획 ● 곽경덕
편집 ● 임성준
마케팅 ● 신상준
디자인 ● 정스테파노

가격 17,800원
ISBN 979-11-980785-8-2 03303

이 책은 1시군-1생활인구 특화프로젝트의 일환으로 경상북도와 고령군의 지원을 받아 제작되었습니다.